講師業・
フリーランスで
食べていくならまず
「通信講座を
つくりなさい!」

井上幸一郎 著

セルバ出版

まえがき

こんにちは！　この度は、本書にご関心お持ちいただき、誠にありがとうございます。

本書は、既にスクール業・講師業をしている皆様はもちろんのこと、何か独自のノウハウをお持ちの皆様向けに、そのノウハウを通信講座化し、販売するための一連のノウハウをお伝えするものです。

なぜ、このような書籍を出すに至ったかといいますと、今、通信講座ビジネスがチャンスだからです。

ユーチューバーに代表されるように、今は、個人でも、動画が簡単に撮影・編集・配信できる時代です。

また、ＳＥＯやネット広告などを駆使することで、個人でも販売促進が安価にできるようになりました。

これまでユーキャンやスピードラーニング、進研ゼミなど、大手のものだった通信講座ビジネスが、個人でも手軽に始められる時代なのです。

そして、通信講座ビジネスは、あなたの生活をきっと豊かなものにしてくれることでしょう。なぜなら、通学式のスクールと違い、通信講座は、「いつでも、どこでも、何人でも」受講可能な仕組みだからです。時間と場所、そして、席数に左右されるスクールと違い、時間もフリー、場所もフリー、そして世界中から、何千人の方に受講していただくことも可能です。

例えば、バリ島に住み、夜や早朝に質問対応や添削などの業務をして、日中は悠々自適に暮らす、ということも夢ではないのです。

さて、ここで、簡単に自己紹介をします。

私、井上は、新卒で通信講座の会社に入りました。

その会社が手掛けていたのは、ネット配信型の通信講座で、ウェブデザイナー講座や簿記講座などを配信していました。

そこで、当初は、マーケティング部門担当として、主に広告を打つことで、講座の販売を行っていました。

このとき学んだのは、通信講座の「売り方」です。

後で、スクール事業も経験してわかったのですが、通信講座とスクールとでは、売り方が異なります。

スクールは、一度体験入学してもらったり、説明会に招いて、詳しい説明ができたりしますが、通信講座は基本的に受講希望者とお会いできないからです。

また、スクールは、受講日程が一律で決まっているのに対し、通信講座は随時受付可能です。

この違いもまた、「売り方の違い」を生みます。

本書でも、第5章、第6章で、「通信講座の売り方」にフォーカスを当てていきます。

さて、自己紹介に戻ります。

1社目で通信講座の売り方を学んだ後、転職をします。

そこで今度は、教材制作や講座設計の現場に足を踏み入れ、学んだのが「インストラクショナルデザイン（ID）」です。

インストラクショナルデザインは、日本語に訳すと、教育設計技法ということになります。

例えば、「1たす1は2」ということを、子供に教えるとき、あなたはどのようにしますか。

初めて算数に触れる子供には、単に数式だけ見せても、理解してもらえません。そこで、りんごなどを使って、「1つのりんご」と「1つのりんご」をあわせて「2つのりんご」というように教えたりしますよね。

人によっては、そもそも算数の面白さや重要性を説明するところから入るかもしれません。教えた後には、理解できたかどうかを確認するために、例題を出します。

みかんが2つと1つで、合計いくつ？　のように…。

こうした、誰かに何かを教えるときの効果的な手法を体系化したものがインストラクショナルデザインです。主に米国で発展した手法なので、書籍などは英語版を翻訳したものが出回っています（試しに、アマゾンで「インストラクショナルデザイン」と検索してみてください）。

現代の教材開発、教育設計においては、すでに体系化されているこのインストラクショナルデザインのノウハウを使うことがとても有効です。

本書では、とくに通信講座として、このインストラクショナルデザインをどのように適用したらよいか、具体的にお伝えしていきます。

ということで、自己紹介をしつつ、内容にも少し触れさせていただきました。

本書のゴールは、「通信講座の魅力と自分にとってのメリットを理解し、その具体的つくり方をワークシートで体験し、実際につくり始められる状態」と定義して進めていきます。

お役に立てば幸いです。

２０１８年12月

井上　幸一郎

【注】本書で取り上げている外部情報は、すべて弊社調べです。情報の正確さをお約束するものではありませんので、あらかじめご了承ください。

また、本書執筆時時点での情報につき、お読みになっている時点では、状況が一部変化している可能性もありますことをご容赦ください。

講師業・フリーランスで食べていくならまず「通信講座をつくりなさい！」　目次

まえがき

第1章　なぜ、今、通信講座なのか

1　理想の暮らしを手に入れる・14
2　「スマホ×クラウド」で通信講座の時代がやってきた・16
3　通信講座と通学講座のシェアは逆転する!?・17
4　初期費用は０円から・18
5　世界中が顧客に・19
6　通信講座は効果抜群の営業ツール・21
7　通信講座・提供側の８つのメリット・22
8　受講者にとってもいいことづくめの通信講座・25

コラム　成功事例の紹介・27

第2章　喜んで受講したくなる通信講座の秘訣

1　続かない通信講座・30
2　単なる教材と通信講座の違いとは・31
3　究極の通信講座とは・33
4　売れている通信講座を研究しよう・36
5　通信講座「売れちゃう度」診断・38
6　診断結果別解説・40
7　診断項目の解説・42
コラム　最近の通信講座のトレンド・49

第3章　通信講座作成法「設計編」

1　通信講座づくりは家づくりと同じ・54

2　まずは目的・目標を決める・55
3　ターゲットを定める・57
4　受講者の「夢」「現状」と「講座のゴール」をセットする・60
5　自分の強みを洗い出す・62
6　講座の5大特徴を決める・63
7　オリジナルメソッドを定義する・66
8　講座名称を決める・68
9　競合分析をする・69
10　概要設計をする・71
11　通信講座のシナリオづくりの秘訣・88
コラム　教材設計のノウハウ「インストラクショナルデザイン」・97

第4章　通信講座作成法「制作編」

1　時代は動画配信が主流・100
2　動画教材のつくり方「撮影準備編」・101
3　動画教材のつくり方「撮影編」・104

4　動画教材のつくり方「編集編」・109
5　動画教材のつくり方「配信設定編」・111
6　紙面教材のつくり方「レイアウト編」・113
7　紙面教材のつくり方「執筆編」・115
コラム　人気ユーチューバー研究のすすめ・116

第5章　売上を3倍伸ばす効果的な通信講座の仕掛け方

1　教材ではなく、夢を売る・120
2　見た目を演出する・121
3　売れ続ける仕組みをつくる・122
コラム　大手通信講座のノウハウ・123

第6章　通信講座のとっておきの販促法

1　マーケティング動線設計をする・126

2　パンフレット配布、SEO、ネット広告・131
3　ランディングページ・134
4　無料の視聴教材、メール資料送付・138
5　オンライン決済・142
6　KPIを決める・143
7　ポータルサイトを活用する・146
コラム　支払方法で売上が変わる・147

第7章　通信講座作成&仕掛け方Q&A

1　盗作が心配です・150
2　ノウハウを出し過ぎないほうがいいですか？・153
3　講師経験はないのですが…・154
4　たくさん申込みがあり過ぎて捌けなくなったらどうしよう・156
5　価格設定に迷います・157
6　こんな品質で市販に耐え得るか不安です・159

巻末付録

・ワークシート記入例と解説・160
・ワークシートプレゼント（ＵＲＬ）・174

あとがき

第1章　なぜ、今、通信講座なのか

1　理想の暮らしを手に入れる

ここでは、あなたが、仮に、何か人にモノを教えるスクール業、講師業をしている方だとして話を進めましょう。

突然ですが、あなたはどんなライフスタイルを送りたいですか？

・出張や通勤電車に追われる生活からサヨナラしたい。
・自然豊かな場所で暮らしたい。
・家族との時間や自分の時間を大切にしたい。

いろいろあるかもしれませんね。

そんな理想の暮らしは、もしかすると、通信講座をつくることで、手に入るかもしれません。

なぜなら、通信講座は、時間的制約、物理的制約を超えて、あなたと受講者とをつないでくれるからです。

受講者が、夜や週末に受講したいからといって、その時間に受講者のもとに駆けつける必要はありません。通信講座が、受講者の都合に合わせて、教育を届けてくれます。

受講者が、あなたの居場所と離れたところにいるからといって、あなたがその場所に駆けつける必要はありません。通信講座が、受講者の自宅に、教育を届けてくれるのです。

そう、通信講座であれば、いつでも、どこでも、あなたの教育を受講者に届けることができるのです。受講者があなたの講座を受講しているときに、もうあなたはその場にいる必要はないのです。

「通信講座をつくって、沖縄で暮らす」そんなことも、夢ではないのです。

【図表１　通信講座開設で理想の暮らし】

出張や通勤電車に追われる生活からサヨナラしたい。

家族との時間や自分の時間を大切にしたい。

そんな理想の暮らしは、通信講座をつくることで、手に入るかもしれない！

2 「スマホ×クラウド」で通信講座の時代がやってきた

２００８年にiPhoneが日本に発売されてから、あっという間に世の中はスマホの時代になりました。同時に、インターネットの技術やインフラが瞬く間に進化し、私たちの身の回りで、動画を配信する、動画を見るという行為が、本当に身近になりました。

通信講座ビジネスにとっては、この潮流は大変なチャンスです。

講座の制作、配信、受講といった一連の行為が、すべてスマホで完結できるからです。

オンデマンド配信（録画配信）だけではありません。

ＺＯＯＭなどのオンライン会議ツールの発達で、講座のライブ配信も高品質に、気軽にできるよう

【図表２　通信講座はすべてスマホで完結】

すべてスマホで完結！

になりました。

　これにより、これまでは遠隔では難しかった双方向型の講座や、グループワークを伴うような講座、質疑応答などもできるようになり、通信講座として提供可能な教育の幅が広がってきています。

3　通信講座と通学講座のシェアは逆転する⁉

　オンラインで授業を配信する、この流れは、今後ますます加速するでしょう。

　例えば、予備校の授業なども、「スタディサプリ」など、最近はスマホで受講する形式のものが急速に普及してきています。

　そして、今後間もなく、私は、通信講座と通学講座のシェアは、逆転することになると読んでいます。

【図表３　通信講座始めるなら今】

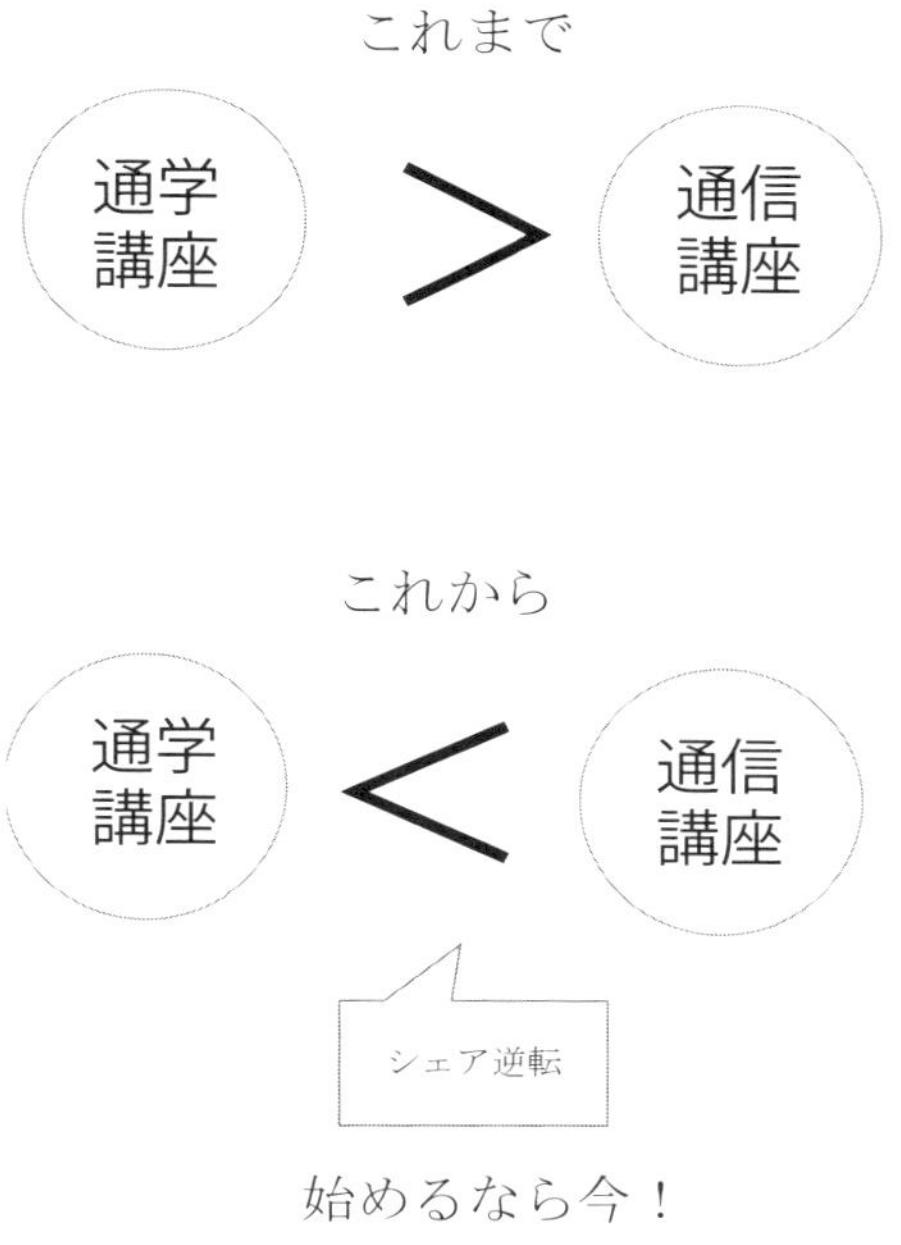

通信講座が主流となったときには、ライバルは世界中となります。

そのときに勝てるのは、早めに始めて、通信講座のノウハウを貯めた講師です。通信講座を始めるなら、まさに今、ではないでしょうか。

4　初期費用は0円から

これまで、通信講座ビジネスをしようとすれば、相応のコストがかかっていました。

紙の教材であれば、その教材デザイン費や印刷代、郵送費。添削の都度、さらに、往復の通信費もかかります。

仮に、動画教材であれ、販売に耐え得るような動画の撮影や編集にはプロの技術が必要とされ、またそれを受講者に届ける手段もＤＶＤに焼いて郵送しなくてはなりませんでした。

初期費用として、数百万円の投資が必要なビジネスだったのです。

それが、今の時代は違います。技術が進歩して、スマホの動画機能でも、十分にキレイな映像が撮れるようになりました。

また、編集作業も、無料で素人が簡単にできるアプリが登場しています。

配信も、郵送ではなく、オンラインプラットフォームにアップして配信できるようになりました。

やりようによっては、制作から配信まで、すべて無料で行うことができるのです。

これまでは、個人では手が出しにくかったオンライン課金も、クラウドサービスで簡単にできるようになりました。

5　世界中が顧客に

郵送が不要となった恩恵がもう1つあります。それは、世界中が顧客になることです。

これまで、通信講座といえば、どうしても国内限定というものが中心でした。これは、郵送のコストが壁になっていたからです。

しかし、オンライン化でそれが取り払われた今、世界中から顧客が集まる時代になっています。

【図表４　世界中が顧客に】

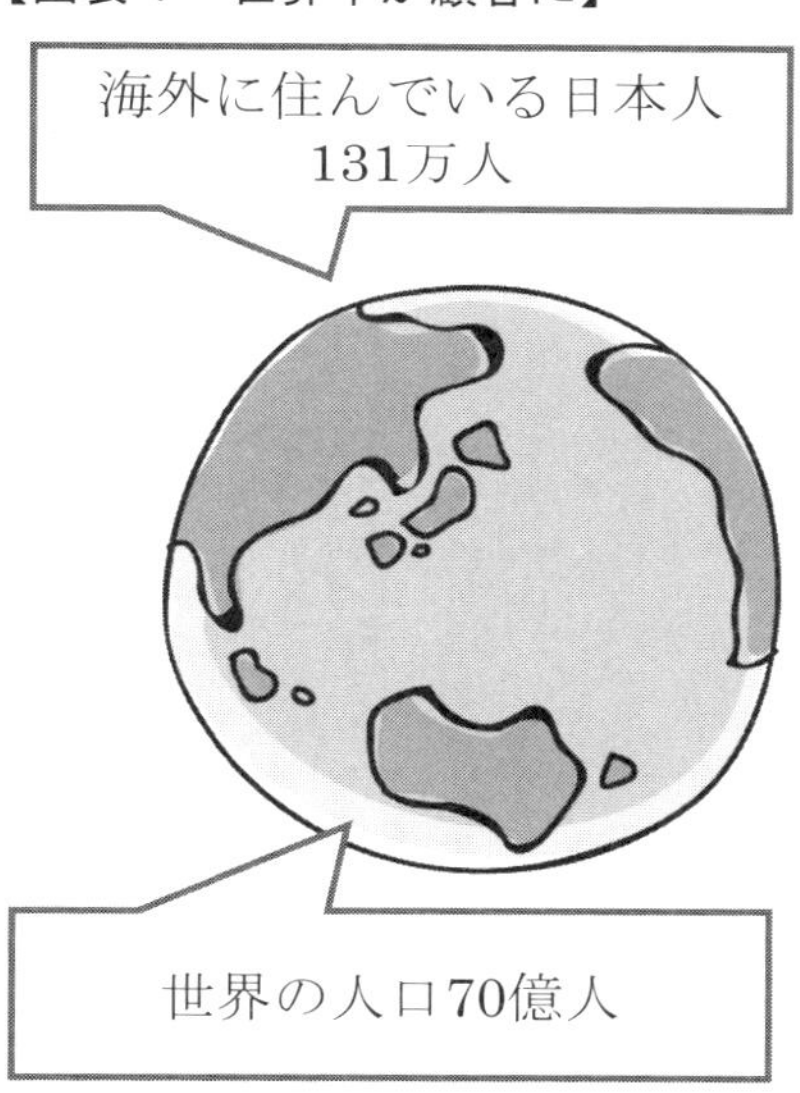

世界中がターゲットに！

第1のターゲットは、世界中に住んでいる日本人です。

外務省のデータなどによれば、２０１５年現在、海外に住んでいる日本人の数は131万人。

彼らも、あなたの講座のターゲットになります。

彼らの中には、現地で学びたいものがなく、通信で日本の講座を学びたいと考えている人も多くいます。

例えば、私の知人に、和食の通信講座を提供している方がいます。

彼女の講座は、今、中国在住の日本人女性に大人気で、口コミであっという間に広がり、今では数十人の方が受講中のこと。

理由は、中国人の方に和食の伝統的なつくり方を教えたいというニーズがあるからだそうです。

まさに海外ならではのニーズですね。

そして、第2のターゲットは、外国人です。

あなたの講座が世界で通用するコンテンツであれば、それを外国語に翻訳して配信することで、まさに全世界中の方が受講対象となります。

今、流行りのeスポーツやプログラミングといった世界共通のテクニカルスキルはもちろん、茶道、書道といった日本ならではの文化や作法を教える講座なども、世界のニーズがあるかもしれませんよね。

「自分のコンテンツは世界に通用するだろうか」

そんな視点で一度、考えてみてはいかがでしょうか。

6　通信講座は効果抜群の営業ツール

通信講座は、それ単体でもビジネスとして成立しますが、通学講座と組み合わせたときに、別の威力も発揮します。

それは、通信講座が、通学講座の営業ツールとして機能するということです。

例えば、通信講座で入門講座を提供し、通学講座で本格講座を提供する——このような2段構えで設計することで、入門講座で「お試し」してもらい、講座の質や講師の教え方に満足いただいた上で、安心して通学講座のほうを受講いただくというような動線がつくれるのです。

とくに、通学講座が遠方だったり、長時間だったり、高価格だったりする場合には、受講希望者もいきなりは申し込みしにくいものです。

【図表５　通信講座が通学講座の営業ツールに】

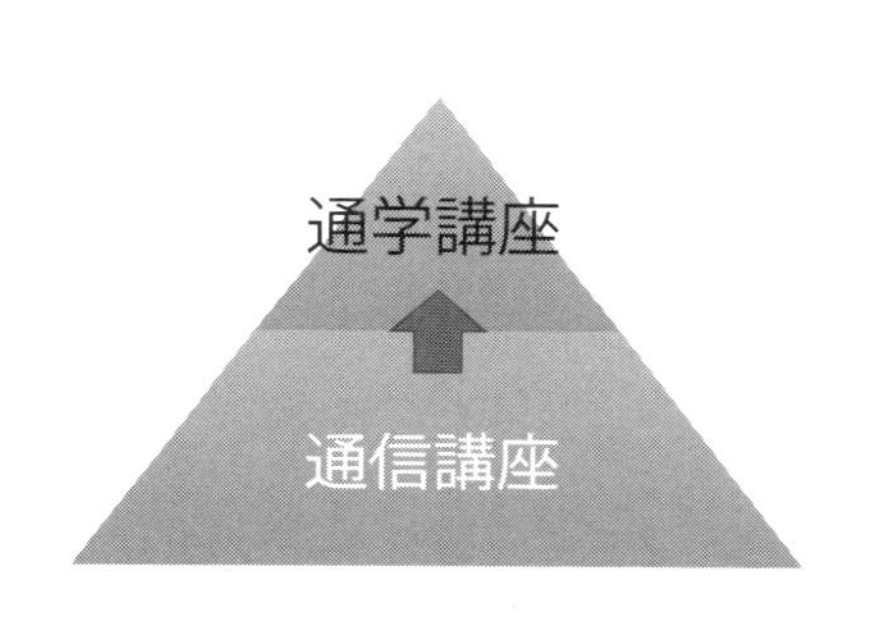

通信講座が通学講座の
営業ツールに

そんなときに、気軽に自宅で試せる通信講座があれば、非常に喜ばれることでしょう。

7　通信講座・提供側の8つのメリット

では、ここで、改めて通信講座のメリットをまとめてみましょう。

(1)　自分が働き続けなくて済む

皆様の中には、ご自身がスクール唯一の講師として、ご活躍されている方も多いと思います。そんな皆様の中には、日々、登壇が多過ぎて大変という方もいるのではないでしょうか。

通信講座は、自分が登壇しなくても講座を提供することができる有力な手段の1つです。

例えば、講座の販売、質疑応答、添削なども誰かに任せることができれば、自分の登壇、稼働完全ゼロを目指すことも不可能ではありません。

(2)　教育クオリティが担保できる

自分が働き続けなくて済む手法のもう1つとして、いわゆる「協会ビジネスモデル」があります。後輩講師を育てて、後輩に講師を引き継いでいくスタイルです。

しかしながら、この手法は、意外と大変です。

せっかく育てた講師が定着しなかったり、自分の意に沿わない講義をしてしまったり、集客ができなかったりというケースも少なくありません。

それに比べて、通信講座であれば、クオリティコントロールは簡単。

自分の最高の講義を動画にしておけば、いつでも最高のクオリティの教材を提供できるのです。

(3)　同時に何人でも受講者を募れる

通学制と違い、受講人数の制限がないのも通信講座の良いところです。

添削などのサービスのクオリティをキープするために、定員を設けることはあるいは必要ですが、それでも、教室の椅子の数を気にしなければならない状態からすれば、とても効率的です。

(4)　利益率が高い

【図表６　提供側の８つのメリット】

⑴　自分が働き続けなくて済む
⑵　教育クオリティが担保できる
⑶　同時に何人でも受講者を募れる
⑷　利益率が高い
⑸　世界中がマーケット
⑹　世界中に移住できる
⑺　安く提供できる
⑻　受講対象の裾野を広げられる

セミナールームを用意するコストや、物理的に講師が移動し、登壇しなくてはならないコストなどを考えると、得てして通学制は利益率が低くなる傾向にあります。

ある統計によれば、通学制スクールの粗利率は、平均で40％から50％。

それに対して、通信講座は、そのやり方によっては、80％以上の粗利益率を上げることも、不可能ではありません。

利益率が高く設計できることも、通信講座の魅力といえます。

(5)　世界中がマーケット

通信講座は、大げさな言い方ではなく、世界中がマーケットになります。

もちろん、自分が住んでいるエリア以外の国内のマーケットもたくさんあるはずですよね。都心に住んでいる方は郊外の、郊外に住んでいる方は都心の、これまでは対象外だった方々があなたの講座を受けてくれるかもしれません。

(6) 世界中に移住できる

そして、講師であるあなたが、登壇のために現地に行く必要がなくなった場合、あなた自身も、どこにでも住むことが可能です。

家賃の安い郊外に暮らす、親元に帰る、海外に移住する、リゾート地に暮らす、あらゆる選択が可能となります。

(7) 安く提供できる

通信講座のメリットとして、価格を安く提供できるということがあります。前述のとおり、近年は、通信講座の制作コスト、提供コストは限りなく低くなってきています。

これを活かし、受講料500円のワンコイン講座を提供したり、受講料無料で配信し、配信数に応じた広告のアフィリエイト収入を柱とするような講座形態を取ったりということも可能です。

(8) 受講対象の裾野を広げられる

そして、受講料が安くできることで、これまで対象にならなかった人たちも受講対象にできます。

例えば、「ちょっと興味はあるけど、自分に合っているか確認したい」「わざわざスクールに行くほどではないけど、自宅で気軽にできるなら受講してみたい」という程度の興味・関心度合いの人も、低価格講座であれば取り込むことができます。受講者の間口が圧倒的に広がります。

8　受講者にとってもいいことづくめの通信講座

通信講座は、講座提供側だけでなく、受講者にとってもメリットがたくさんあります。これらが通学制ではなく、通信講座を選ぶ理由にもなりますので、ひととおり押さえておきましょう。

⑴　自分の都合に合わせて受講できる

日程が決まっている通学講座と違い、通信講座であれば、いつでも自分の都合に合わせて受講が可能（なものが多い）です。

例えば、日中は仕事がある方でも、自分の空いている夜や早朝に受講をすることができます。

⑵　どこでも受講できる

場所が決まっている通学講座と違い、通信講座であれば、どこからでも受講が可能です。

交通費をかけて遠くまで通う必要もないので経済的。会場が遠いという理由で受講を諦める必要はありません。

⑶　気軽に受講できる

いつでも、どこでもという特徴から、気楽に試してみることができるのが通信講座の良いところです。同時に複数の講座を受講することだって可能です。そして、飽きたらやらなくてもいい。必ず時間拘束をされる通学講座と違い、途中で止めやすいのも、通信講座の魅力です。

(4) 何度でも復習できる

通学制では、講師の言うことを聞き逃してしまうと、再受講というわけにはなかなかいきませんが、通信講座であれば、自分の理解度に応じて、何度でも同じパートを復習可能です。

(5) 低価格で受講できる

通信講座のほとんどが、通学制の同じ内容の講座に比べ割安です。

また、通信講座ならではの低価格講座も多く存在します。予算がないときでも諦めず、学ぶことができます。

(6) 直接指導が仰げる

通信講座の中には、著名講師本人の映像教材が入っていたり、著名講師が直接添削指導してくれたりといったサービスを提供する講座も多数あります。カリスマ講師に直接指導を仰げる。そんな魅力を持った講座も数多くあります。

(7) 添削、質問サポートなど各種サービスが受けられる

独学が基本の書籍教材、ムック教材と異なり、添削、質問サポートなど各種サービスが受けられることが通信講座

【図表7　受講者の８つのメリット】

(1) 自分の都合に合わせて受講できる
(2) どこでも受講できる
(3) 気軽に受講できる
(4) 何度でも復習できる
(5) 低価格で受講できる
(6) 直接指導が仰げる
(7) 添削、質問サポートなど各種サービスが受けられる
(8) 修了証が出る

の魅力。わからないことがあっても、そこで止まらず、先に進むことができます。

⑻　修了証が出る

通信講座の中には、修了基準を満たすことで、修了証が出るものも多くあります。修了証が何らかの資格になっているものであれば、その資格取得を機に、キャリアアップにつながるようなものもあります。

コラム　成功事例の紹介

ここまで読んで、いかがでしたでしょうか。通信講座をつくってみたくなりましたか？

ここでは、１つ、身近な成功事例をご紹介したいと思います。私自身の事例です。

私は、２０１４年からFacebookマーケティングのノウハウを教える3時間セミナーや、３か月間で学ぶ連続講座を開催していました。セミナーは1回8，０００円、連続講座は3か月で18万円です。

おかげさまで、それぞれ好評を得て、エリアも東京から大阪、福岡など広がっていきました。受講者は、年間５００名を超えました。

しかし、回数が増えるのはうれしい反面、段々と自分の時間が足りなくなってきてしまったのです。そのうちに集客にもムラが出てきて、とくに地方の案件は、現地の主催者の方への支払いや出張費もかかるので、行うのが大変になっていきました。

そんな折、思い立って、セミナー教材と通信講座をつくることにしたのです。つくったのは3つ。

【図表８　通信講座成功事例の概要】

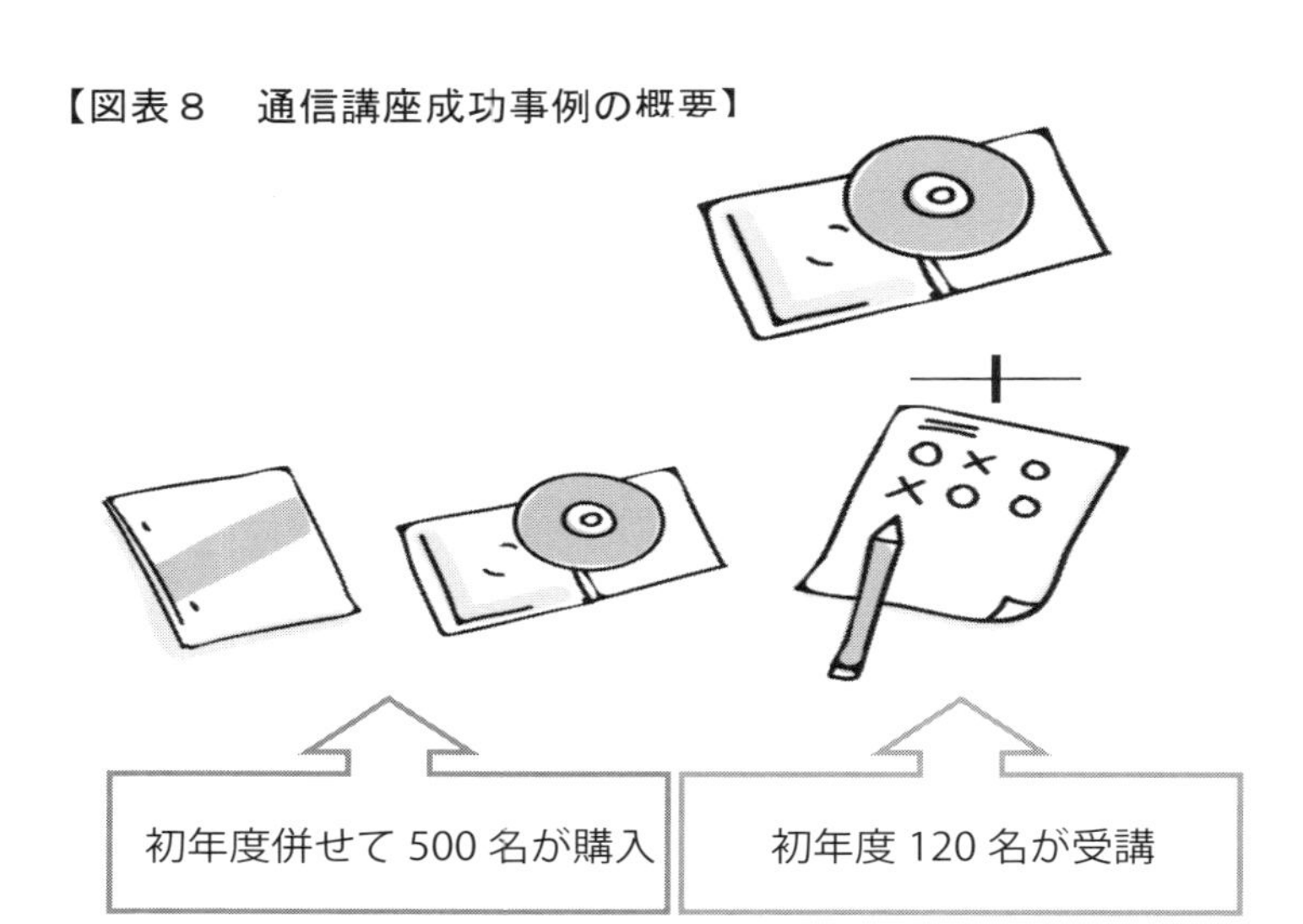

１つ目は小冊子。セミナーと同じ内容を、２,０００円の小冊子で学べるようにしました。２つ目はＤＶＤです。セミナーと同じ内容を１万２,０００円の動画にしました。最後に、通信講座です。ＤＶＤに、通信添削や質問サポートのサービスを加え、４万円のパッケージにしました。

結果、小冊子とＤＶＤは初年度併せて５００名に、通信講座は初年度１２０名の方に受講いただくことができたのです。

以降、地方出張の数は、３分の１ほどに減らすことができました。

また、ある受講者の方から、「子供が小さくて行けないので、こんなサービスを待っていました」と言っていただき、うれしかったことを記憶しています。

通信講座は、様々なニーズを満たせるサービスだといえるのではないでしょうか。

第2章

喜んで受講したくなる通信講座の秘訣

1　続かない通信講座

第1章では、通信講座ビジネスの可能性やメリットについて見てきました。ここからの第2章では、「良い通信講座」「売れる通信講座」をつくる秘訣について見ていきましょう。
まず、初めに、通信講座の最大の弱点についてお伝えします。

【図表9　通信講座は続きにくい】

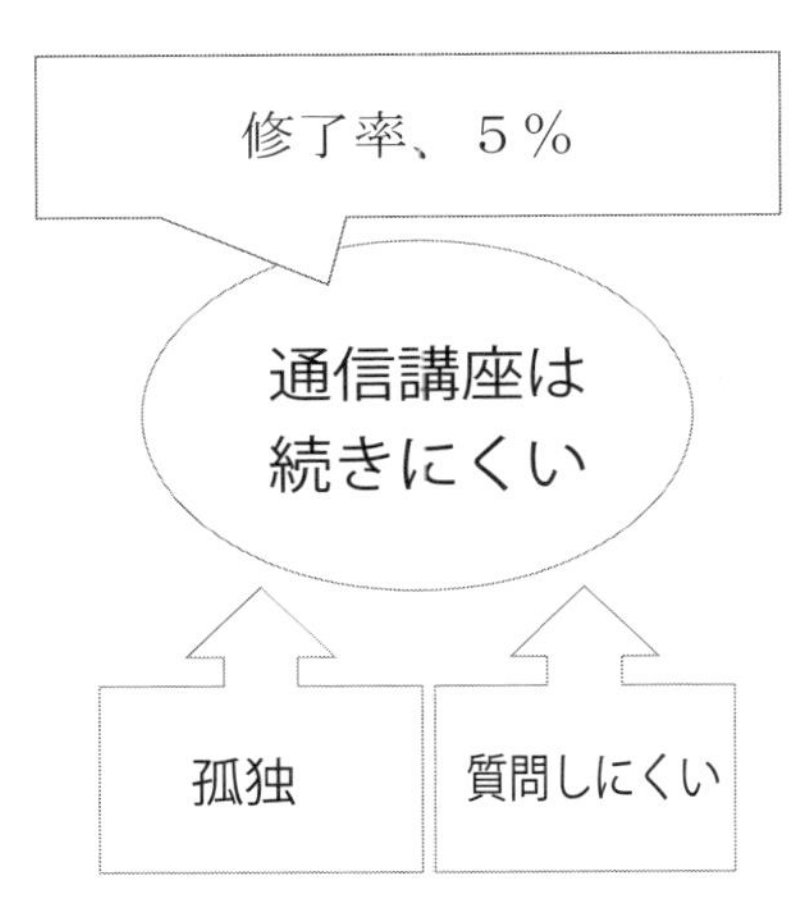

それは、「通信講座は、続きにくい」ということ。
ある調査によれば、通信講座の修了率は、たったの5％。実に20人に1人しか最後まで辿り着かないのです。
その理由は、主に2つあります。
1つには、通信講座は、孤独だということ。共に切磋琢磨する仲間もいなければ、頑張ったときに褒めてくれたり、怠けたときに励ましてくれる人もいません。

２つには、質問がしにくいということ。何かわからないことがあったときに、通信講座では、一般に、メールフォームなどで質問を受け付け、数日以内に返信するというような形式が多いでしょう。

その場で即質問できる通学形式と異なり、すぐに回答が得られないのでもどかしいですし、そもそもメールなどの文字で質問するというのは難しいものです。とくに、受講者が「漠然とわからない」「こんなことを質問するのは恥ずかしい」というようなときは、そのままフェードアウトしてしまうこともあります。

これらのネックに対する対応方法は、また別の章で学んでいきますが、ここでは、「通信講座には続くにくいというリスクがある」ことを踏まえて、「最後まで続く通信講座」をつくることが、「良い講座」「売れる通信講座」をつくる上での考え方のベースであるということをとらえておきましょう。

2　単なる教材と通信講座の違いとは

「良い講座」「売れる通信講座」をつくるために、ぜひ考えていただきたいのが、「教材」と「通信講座」の違いです。

「教材」と「通信講座」、いったい何が違うのでしょう。

例えば、英語学習の教材（書籍やムック）と、英語学習の通信講座、どちらも、離れていても、1人でも、受講可能ですよね。

動画の有無？　いえいえ、最近は、書店やコンビニで販売している教材系書籍（ムック）でも、DVD付きのものも増えてますよね。

でも、価格帯は全く異なりますよね。書店で売られている英語教材は、せいぜい数千円。これに対して、英語の通信講座は、数万円や数十万円のものが当たり前に存在します。

それでは、いったんこの本を読むのを止めて、じっくり考えてみてください。

自分の中で「これだ」と考えがまとまったら、図表10を見てみましょう。

では、正解です。「教材」と「通信講座」の違いは、ずばり、「モノ」と「サービス」の違いです。

教材は、モノ。通信講座は、サービス。具体的に見てみましょう。

【図表10　教材と通信講座の違い】

教材 ➡ モノ

通信講座 ➡ サービス

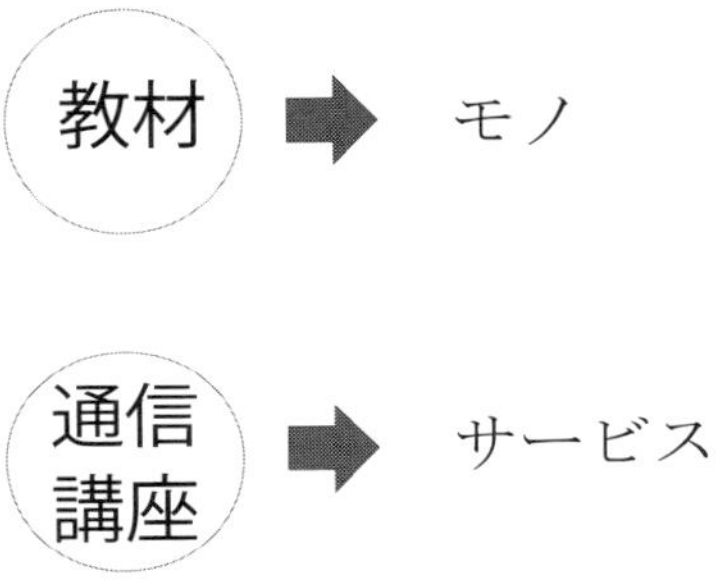

教材は、基本的には「学習可能なツール」です。意欲があれば、それで独学を進めることができますが、やるもやらぬもあくまで自己責任。わからないことがあっても、解決するのは自分自身です。

それに対して、通信講座は、「学習成果にコミットするサービス」。運営側は、学習者がその目的を達成できるよう、多面的に支援します。

例えば、前項で課題として取り上げた受講のモチベーションをキープするのも1つの役目ですし、質問があれば回答するサポートもつけます。

副教材やスクーリングなどで実技指導したり、テスト対策講座を設けたりして、実務習得やテスト合格までコミットします。

この、サービスとモノとの違いを他のものに置き換えると、例えば、ホテルとマンションとの違いなどがわかりやすいでしょうか。

マンションは、モノなので、住まう人が、セルフサービスで家具を揃え、食事をつくり、洗濯をしなくてはなりません。

でも、ホテルは、サービスなので、荷物を部屋まで運んでくれ、食事が提供されて、クリーニングもしてくれます。

「快適に過ごす」という成果を保証してくれるのです。

イメージ湧きましたでしょうか。

この違いを踏まえ、「モノではなく、サービスとして成立していること」が「良い通信講座」の指針になります。これからあなたが通信講座をつくられる際の参考にしてください。

3　究極の通信講座とは

前項を踏まえて、１つ考えていただきたいことがあります。

「究極の通信講座」とは、いったいどんな講座でしょうか。

おまけが豪華な講座？　いえいえ違います。教材が爆笑ネタ満載の講座？　それも本質的ではありません。

答は、「成果保証付講座」です。サービスの延長線上に、成果保証があるのです。

資格試験対策であれば、合格保証、趣味の講座であれば、満足度保証、キャリアアップ支援講座であれば、仕事保証。だって、そうですよね。

受講者は、別に、教材の内容を学習することが目的ではない。その先の、理想の生活をするために、手段として、あなたの講座を受講するわけです。

【図表11　究極の通信講座とは】

究極の通信講座

成果保証付
通信講座

結果にコミット！

理想の生活に無事に至れることが、何よりも求められます。ちょうど、ライザップのようなものです。ライザップは、「ダイエットの成果保証」（結果にコミット）で有名ですよね。

最近では、「いかなる理由でも、納得できなければ、30日間であれば全額を返金」という制度を実施しているようです。

このように、成果や満足度を保証してくれる講座は、単なる教材とは圧倒的に別のものとして、顧客に歓迎されます。

逆に言えば、成果や満足度を保証するためには、どのような教材と付帯サービスを組み合わせて講座を設計すべきでしょうか。それを考えることが、「最高の通信講座」を開発することに他ならないのです。

ちなみに、ライザップは、最低単価が35万円（２０１８年弊社調査）。期間は2か月です。通常のスポーツクラブであれば、月額1万円程度で通えますから、10倍以上の値段の開きです。通信講座も、例えば、市販の書籍教材と同じようなテーマであっても、単価はやはり10倍以上するのが一般的。その単価の差は、この「結果にコミット」の差にあるといえるのです。

逆に言えば、単なる「モノ」を送るだけで結果にコミットできない通信講座は、教材に毛が生えただけの、「名ばかり通信講座」なのです。

あなたが、これからつくる講座で「成果保証」をする、もしくは限りなくそれに近いことをするためには、どんな教材、付帯サービスをセットするとよさそうですか？。ライザップのような、返金保証制度は可能でしょうか。1度考えてみると良いでしょう。

ちなみに、私が過去に勤めていた某社の通信講座においても、「成果保証制度」を実施したことがありました。その制度を掲げたとたんに売上が跳ね上がったことを今でも鮮明に記憶しています。

その後、ライバルも追随し、その分野において「成果保証制度」はスタンダードなものになりました。

4　売れている通信講座を研究しよう

日々、通信講座ビジネスを研究していると、一定の法則があることに気づきます。

例えば、社会人向け通信講座の大手、ユーキャンの冊子やウェブサイトには、およそ130の通信講座が掲載されていますが、その中でもとくに人気がある講座がわかる人気講座ランキングが出ています。

ユーキャンの創業は1955年。実に60年超の歴史があります。その歴史の中でどんどん講座を増やし、売れない講座と新規講座を入れ替え、今に至っているわけですから、この講座群やランキングを眺めるだけでも、「売れる講座の共通項」が見えてきます。

例えば、2018年の某時期の冊子では、ランキング10位までのうち、ボールペン字以外はすべて公的資格に関する講座です。

しかも、例えば、医療事務や行政書士など、「ある仕事に就くために必須となる」資格であることがわかります。

また、どちらかといえば女性に人気の事務系の仕事に関する資格が多いことにも気づきます。

在宅で学べる利便性と相俟(あいま)って、「一度結婚などを経て専業主婦になった方が、ユーキャンで学んで社会復帰する」というようなシナリオが、最もポピュラーな受講像なのだと推察することがで

【図表 12　売れてる通信講座の研究】

売れている講座を研究しよう

きます。

一方、最近の新興勢力で勢いがあるのが、「キャリカレ」という通信講座です。ユーキャン同様に、無料の紹介冊子を１００円ショップなどで幅広く配布したり、ウェブ広告を展開したりしており、知名度が徐々に上がっています。

「キャリカレ」も１００講座近い講座ラインナップを展開していますが、その講座ラインアップは、ユーキャンのラインナップとは少し異なります。

「キャリカレ」の特徴は、「独立支援型の民間資格」に関する講座が多いことです。

例えば、セラピストやカウンセラー、インストラクターといった資格の講座が目立ちます。講座の分野も、心理系、食系、健康系などが多く、その点も特徴的です。

「手に職をつけて、好きなことで独立したいＯＬや主婦が、キャリカレで学んで開業する」というようなシナリオが、最もポピュラーな受講像なのだと推察されます。

このほか、代表的な通信講座といえば、英語のスピードラーニングがありますね。また、近年では、ＩＴ系のオンライン講座も増えてきました。

代表的なのは、「TechAcademy（テックアカデミー）」でしょう。

このように、既に売れている講座を研究することで、講座のターゲット、内容の種類、打出し方、販促の仕方など、大いに参考になります。

これから通信講座をつくろうと思っている方は、ぜひ研究してみましょう。

5 通信講座「売れちゃう度」診断

私のセミナーなどでは、こうした「売れている通信講座の傾向」を用いて簡単な診断をつくり、通信講座「売れちゃう度」診断というものを実施しています。

同じものを本書にも掲載しますので、ぜひやってみてください。


通信講座「売れちゃう度」診断　設問（図表13）
・次の選択肢のうち、いずれかにチェックを入れてください。
・チェックしたら、A設問の合計点とB設問の合計点を出しましょう。
B―1「ターゲットはニッチである」は、少しわかりにくいかもしれません。

自身の講座が、他では受けられない、オンリーワンの内容かどうかで判断してください。

例えば、お住まいの都道府県内で、同じことを教えている人が10人以下であれば、その内容はニッ

【図表 13　通信講座「売れちゃう度」診断　設問】

A設問：準備編

1．既に通学式の講座、セミナーがある	□ある。教材もある＝10点 □あるが教材にはなっていない＝5点 □ない＝0点
2．既に顧客数が200人を超えている	□超えている＝10点 □超えていない＝0点
3．FB・インスタのフォロワー数が3000人以上、 あるいはブログPVが1日1000PV以上、 あるいはメルマガ読者数が1000件以上	□2つ以上当てはまる＝10点 □1つ当てはまる＝5点 □1つも当てはまらない＝0点

B設問：適性編

1．ターゲットは女性である。 ターゲットはニッチである	□2つ当てはまる＝10点 □1つ当てはまる＝5点 □1つも当てはまらない＝0点
2．手取り足取り教えないと伝わらない内容だ	□はい＝0点 □いいえ＝10点
3．コンテンツは完全オリジナルだ	□はい＝10点 □そうだと思うが自信が無い＝5点 □いいえ＝0点
4．コンテンツはスピリチュアル、 キャリア（起業、副業）、健康のいずれかに関係ある	□はい＝10点 □いいえ＝0点

チだと言えるでしょう。

通信講座「売れちゃう度」診断　結果表（図表14）

・A設問の合計点とB設問の合計点をもとに、図表14のどの象限に自身が当てはまるかを見てみましょう。

【図表14　通信講座「売れちゃう度」診断　結果表】

A＝20点以上、B＝30点未満 Aランク 売れる素地は整っています コンテンツ企画をじっくり行い、 売れる講座づくりに注力しましょう！	A＝20点以上、B＝30点以上 Sランク 売れる準備万端です。 とっとと作って売りましょう！
A＝20点未満、B＝30点未満 Cランク 少し道のりは長そうです。 まずは何を自分のウリにしていくのか、 キャリア設計からスタートしましょう。	A＝20点未満、B＝30点以上 Bランク 講座の適性はあります。 売れるマーケティング施策を 検討しましょう！

6　診断結果別解説

診断結果が出たでしょうか。

それでは、結果別に解説していきましょう。

Sランクのあなた

Sランクになったあなたは、売れる準備が整っているといえるでしょう。

すなわち、通信講座に適した分野のコンテンツを持ち、通信講座を売るための顧客基盤を持っているといえます。

【図表15　診断結果は？】

もし、あなたが、通信講座をつくるかどうか迷っているのなら、心配いりません。ぜひ、試しに1歩踏み出してみることをおすすめします。

Ａランクのあなた

Aランクになったあなたは、売れる素地が整っているといえるでしょう。

すなわち、通信講座を売るための顧客基盤は持っていますので、あとはコンテンツの適性を見極める必要があります。

Ｂランクのあなた

Bランクになったあなたは、講座の適性はあるものの、顧客基盤が弱いといえます。

自身のファンを増やす活動をしたり、既存の通学講座の受講者を増やしたりして、顧客基盤をつくってから通信講座づくりに臨んだほうが、成功確率が上がるでしょう。

Ｃランクのあなた

Cランクになったあなたは、顧客基盤も、講座の適性も、通信講座ビジネスに踏み込む条件が整っていない可能性があります。

個別項目のどこがネックになっているか確認し、対策を考えましょう。

7 診断項目の解説

S以外の診断結果が出たあなた。くよくよする必要はありません。

これは、あくまで1つの参考指標で、この指標では適さなかった方でも、ヒットする例は多くあります。

例えば、4項「売れている通信講座を研究しよう」でご紹介した「TechAcademy（テックアカデミー）」は、ターゲットが男性です。これは、診断項目のB設問の1番「ターゲットは女性である」と反していますが、大ヒットしています。

あくまで成功している通信講座の最大公約数を取った診断なので、こうした例外はままあるのです。

ですが、この診断項目1つひとつには、ヒットに結びつく考え方のヒントが隠されています。

ここでは、それぞれの診断項目を解説していきますので、参考にしてください。

A 設問：準備編

(1) 既に通学式の講座、セミナーがある

通信講座ビジネスを始めるに当たって、ベースとなる講座をお持ちであることは、必須条件と言っ

ても過言ではありません。なぜなら、人に教えたことが1回もないことを、教材にして、直接会えない人に教えるのは困難だからです。

私のもとにも、時折「新たに○○の資格を取ったので、この資格の知識を使って通信講座をつくりたい」といって相談に来られる方がいます。

しかし、そんな方には、「最低限、その資格を活かして半年以上活動してから、再度いらしてください」とお伝えするようにしています。

それは、知識の受け売りをしても、講座の中身にその人らしさが宿らないし、ポイントを掴んだ教材がつくれないからです。

また、実践をしたことがない方、通学講座をされたことがない方は、いざ通信講座で受講者から質問が来ても、答えに詰まってしまいます。

まずは、ご自身の中で、十分に実践経験を積んでから、通信講座をつくられることを強くおすすめします。

⑵　既に顧客数が２００人を超えている

通信講座ビジネスを始めるに当たって、ベースとなる顧客基盤をお持ちであることは、2つの意味で重要です。

1つには、その講座（やあなた）に確かなニーズがある証拠があるということ。もう1つには、あらかじめ顧客がいるということは、その顧客が通信講座の最初の買い手になってくれるため、初期費用の投資回収がしやすいからです。

例えば、あなたに顧客が２００人いるとします。そのうち10％の20人が通信講座を買ってくれたとしましょう。講座単価を５万円とすれば、これだけで１００万円の売上となります。

あなたが既に講師業をしており、顧客が２００人以上いるようなら、「そのうち10％の人が買ってくれるコンテンツ」はイメージが湧くはずです。

【図表16　ＦＢ、インスタのフォロワー数が目安】

フォロワー10万人

フォロワー10人

信頼できそう

信頼できなさそう

この最初の売上がイメージできるか否かは、とても大きいと思います。

⑶　ＦＢ、インスタのフォロワー数が３０００人以上、あるいはブログＰＶが１日１０００ＰＶ以上、あるいはメルマガ読者数が１０００件以上

講師業は、ある種のタレント業のようなところがあります。「今でしょ」で一世を風靡した林先生は、東進ハイスクールの人気講師ですが、まさに今はタレントとしても大活躍しています。

そして、その人のタレント性を示す１

つの指標が、ＳＮＳやブログのフォロワー数なのです。

逆の立場で考えてみてください。

フォロワーが10万人いる人気料理研究家の「楽ちん料理講座」があったらどうでしょう。何だかそのフォロワー数を聞いただけで受講したくなりますよね。

逆に、ブログの読者が10人しかいない人の「書道講座」があったとしても、何となく信頼できない感覚があるのではないでしょうか。

同じ学ぶなら、人気のある人、タレント性のある人から学びたいですよね。

そこで指標になるのが、この設問です。「ＦＢ、インスタのフォロワー数が３０００人以上～」というのはあくまで目安ですが、経験則上、このくらいの数のフォロワーがいる方は、まず間違いなく通信講座も一定の人気が出ます。

それは、３０００人に情報伝達ができるからという直接の広告効果以上の、タレント力によるものではないかというのが私の持論です。

Ｂ　設問：適性編

⑴　ターゲットは女性、ニッチである

前述のユーキャンや「キャリカレ」など、大手通信講座企業のラインナップを見てみると、多くが女性をターゲットにしていることが見て取れます。

これは、女性のほうが自己投資意欲が高いこと、キャリアチェンジの機会が多いことなどが要因にあるのではと考えています。

もし、あなたが、男性ターゲットの講座を想定しているのであれば、本当にそこにニーズがあるのか見極めが必要です。

あるいは、男女ともターゲットになり得る講座だとしたら、あえて女性にフォーカスを絞った講座にアレンジしたほうが良い可能性があります。

次に、「ターゲットはニッチである」かどうかです。

【図表17　大手と同じ土俵で勝負しない】

大手と同じ土俵で勝負しないのが鉄則

ニッチというのは、直訳すれば「隙間」のこと。

ここでは、メジャーなターゲットではなく、マニアックな市場をねらうべしということを指しています。

例えば、あなたがユーキャンの売れ筋講座である「ボールペン字」講座をリリースしたとします。すると、当然、ユーキャンの講座とあなたの講座は、比較されてしまいますよね。

価格、品質、実績……、どんなに頑張っても、相手は大手です。限界があるでしょう。

これが、メジャーな市場で勝負してはいけない理由、すなわち「ニッチでなくてはならない」理由です。

では、どのくらいニッチならば良いかというと、あなたが教えている講座が、あなたを含め、同じ都道府県に10名いない程度のニッチさが目安となります。

ターゲットでいえば、「一般向けのボールペン字」ではなく、「健常者のための点字」の講座であるとか、「70代以上の終活ボールペン字」であるとか、そのくらいのニッチ市場のほうが良いでしょう。

オンリーワンであれば、他社と比べられることなく、受講につなげることができます。

⑵　手取り足取り教えないと伝わらない内容だ

通学講座と比べ、通信講座の大きなハンデは、直接会えない点です。

そのため、スポーツや車の教習に代表されるような、「手取り足取り教えないと伝えにくい」「設備が必要」「チームで行う必要がある」といったスキル講座などは、つくりにくいのが事実です。

昨今では、ＩＴ技術やＶＲ技術などの進化で、一定のことはオンライン上でもできるようになってきていますが、まだ直接会ったほうが便利で低コストなことも多いでしょう。

このような場合は、「知識・入門パートだけ切り分けて通信講座化する」というのも１つかもしれません。その上で、実技パートはスクールに通ってもらうという手法です。

この手法を「ブレンディング」といいますが、ブレンディングスタイルを取ることで、スクール側も受講者側も、お互いに効率よく学習を進めることができます。

昨今、学校教育で注目されている「反転学習」（知識は自宅で予習し、授業ではいきなり実技やディスカッションから入るスタイル）も、ブレンディングの一種といえるでしょう。

(3) コンテンツは完全オリジナルだ

通信講座においては、通学講座以上に著作権に対する配慮が求められます。

自分の手を離れて広く流通しますし、口頭で解説していたところも、教材として文章や映像の形で残るからです。

コンテンツは、著作権に違反することなく、オリジナルである必要があります。

私のもとに通信講座制作の相談に来る方の中には、この著作権のオリジナリティに対するリスクがある方も少なくないと感じています。

例えば、「○○協会」というようなところであるスキルを学び、その後独立して同分野で講師をされているようなケースです。その協会で教わった内容をそのまま使えば、著作権違反に問われます。

コンテンツが完全オリジナルであることは、通信講座ビジネスを始める上での必須条件といえるでしょう。

(4) コンテンツはスピリチュアル、キャリア（起業、副業）、健康のいずれかに関係がある

通信講座の売れ筋を見ていくと、「大きな悩みを解決する」「その道のプロになれる」ものが多そうです。逆に、「趣味、教養講座」は、書籍やカルチャースクールに分がありそうです。

【図表18　スピリチュアル、キャリア、健康関連】

とくに、「スピリチュアル、キャリア（起業、副業）、健康」は、通信講座の３大分野といってもいいでしょう。あなたのつくりたい講座が、このいずれかに当てはまっていれば有望です。

では、当てはまっていない場合はどうでしょう。諦めるしかないでしょうか。

この問いに対する私のススメは、「キャリア化する」ことです。

例えば、「けん玉講座」があったとしますよね。これだと弱い。では、どうするかというと、「けん玉講師 養成講座」にするのです。

人にけん玉を教えることで仕事になる「キャリア」講座の位置づけです。このように、「講師養成講座」は、一定のニーズがあります。講座企画の参考にしてください。

コラム　最近の通信講座のトレンド

最近、通信講座業界は、テクノロジーの進化でどんどん新しい考え方が入ってきています。

以下は、そんな中でも私が特に注目している動きです。

① ポータルサイト

Udemyやスクーに代表されるような、オンライン講座のポータルサイトが登場してきています。

あらかじめ学ぶ意欲の高い会員が登録しており、ポータルに登録することで、目に触れる機会が

【図表19　講座のポータルサイト】

オンライン講座のポータルサイト「Udemy」

ライブ講座のポータルサイト「スクー」

得られますから、講師にとってはチャンスが広がります。

いわば、教育業界のAmazonのようなものが生まれてきているといえるでしょう。中には、世界中に会員がいるポータルサイトもありますから、英語のコンテンツをアップできれば、マーケットが世界中に広がります。

②　メンター制度

TechAcademy（テックアカデミー）では、受講者1人ひとりに専任のメンターがつく、メンター制度をウリにしています。

メンターは、第一線で活躍する現役プログラマーなどのプロで、実務経験をもとにしたマンツーマンサポートが受けられます。

マンツーマンメンタリングといって、週に2回ビデオチャットを使っての進捗支援とアドバイスが受けられる他、質問は日々チャットで行うことができ、即回答をもらうことができます。

また、実践課題のレビューは回数無制限、課題ができるようになるまで何度でもレビューを受けられます（同社ウェブサイトより）。

このように、各種オンラインツールを使って、きめ細やかなマンツーマンサポートが受けられる通信講座が、通学以上の良質なレッスンを受けられる教育サービスとして、大きな注目を集めています。

③　ライブストリーミング授業

ライブ配信ツールの発達により、ライブストリーミング形式を取り入れた通信講座が増えてきています。中にはスクーのように、ライブストリーミング講座専門のポータルサイトも出てきており、今後もこのトレンドは続いていくものと思われます。

④　オンラインサロン

あのホリエモンがやっている「堀江貴文イノベーション大学校」というオンラインサロンをご存知でしょうか。

これは、Facebookグループなどを使って様々な情報が配信され、ディスカッションができ、オンライン講義が受けられ、オフ会に参加できる月額会員制サービスで、「DMMオンラインサロン」というプラットフォームから参加できます。新しい通信講座のカタチです。

⑤　サブスクリプションモデル

月額課金制のビジネスを「サブスクリプションモデル」といいます。英語講座のスピードラーニングは、代表的なサブスクリプションモデルです。

前述のスクーやオンラインサロンをはじめ、「受け放題パック式」の通信講座ポータルなど、サブスクリプションモデルを採用する通信講座が増える傾向にあります。

第3章　通信講座作成法「設計編」

1 通信講座づくりは家づくりと同じ

ここまでは、通信講座の魅力と基本的な考え方について見てきました。つくりたい講座のイメージは湧きましたでしょうか。

ここからは、いよいよ講座の設計に入っていきます。

まず、お伝えしたいのは、「いきなり教材をつくってはいけない」ということです。通信講座をつくるためには、まず、「教育のアウトライン」から決めていきます。

【図表20 いきなり教材をつくらない】

ちょうど家を建てるときに、いきなり大工さんが作業開始するのではなく、設計図をつくるのと同じです。既に通学制の講座を展開されている方も、通信講座用に講座をつくるときには、通信講座専用の設計図をつくらなければ良い講座はできません。

教育の世界では、この一連の設計技法を「インストラクショナルデザイン」、略して「ＩＤ」と呼んでいます。

この「インストラクショナルデザイン」は、既にアメリカを中心に研究が進んでいて、関連書籍もたくさん出版されています。試しに、アマゾンで「インストラクショナルデザイン」と検索してみてください。たくさん出てきたでしょう？

「こういう風につくると受講者が動機づけされるよ。教育がちゃんと機能するよ。理解が促進されるよ。それを講師が確認できるよ」ということが、理論として体系化されているんですね。

私たちは、それに則って粛々と教育講座をつくっていけばよいわけです。ありがたい時代ですね。

本書では、「インストラクショナルデザイン」の理論をもとに、穴埋め式のワークシートで講座設計ができるよう、整理してみました。次項より、具体的に見ていきましょう。

なお、本書で使用しているワークシートの記入例は、巻末にまとめています。また、ワークシートをデータでもダウンロードいただけるよう、巻末にＵＲＬを記載しています。もしよろしければご利用ください。

では、順番に見ていきましょう。

2　まずは目的・目標を決める

図表21の「コンセプト設計①」を見てください。まずは、あなたが、今回、通信講座をつくることで実現したいことを書き出していきます。

これは、何のためかというと、軸をぶらさないためです。

【図表 21　コンセプト設計①】

今回制作する講座を通じて実現したいこと:

販売数量・金額目標:

販売開始時期目標:

通信講座をつくり始めると、「あれもしたい、これは面倒だ」といったように、その時々の状況につられていろいろな欲求が出てくるものです。

それを繰り返すうちに、当初の目的からずれてしまうといったことがよく起こります。それを避けたいのです。

例えば、「通学講座を行っていたときに抱えていた時間の制約から解放されたい」というのが、目的の1つだったとしましょう。

それまでは、受講者の集まるタイミングで講座を行う必要があったため、夜間や週末に講座を開催していたけれど、それだと家族と過ごす時間が取れない。それを解消したいというわけです。

しかし、良い通信講座にするために、どんどんこだわっていった結果、ライブ授業を取り入れたいとなり、夜間や週末、ライブ配信をすることになってしまったらどうでしょう。結局、目的が満

【図表 22　コンセプト設計②】

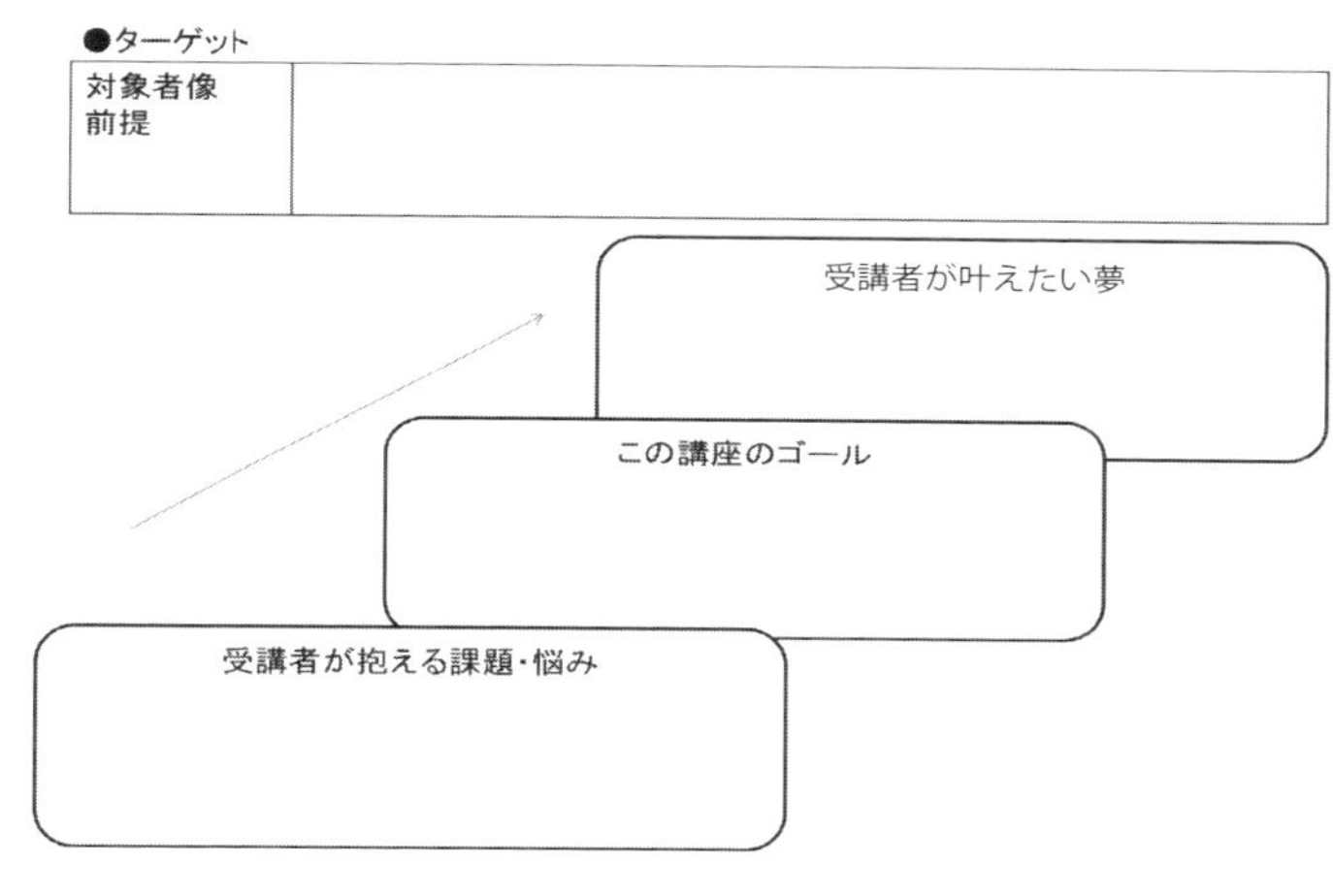

たされないですよね。

このように、通信講座をつくりたい目的と実態とが乖離しないよう、目的を最初に整理しておくのです。

併せて、販売数量や金額目標、そして販売開始時期の目標も記載しておきましょう。

販売数量や金額目標は、最初に月間目標を立ててみると考えやすいかもしれません。その上で、年間目標を立ててみましょう。目標が決まると、そのためにはどうすべきかと逆算思考ができるので、アクションプランに落とし込みやすくなります。

3　ターゲットを定める

目的と目標が決まったら、次にターゲットを明確にします（図表22参照）。

どんな人に受けてもらうのか、その範囲と対象者のイメージを明確にしましょうということですね。

前述しましたが、ターゲットは、一般に狭ければ狭いほど良いです。ライバルが減るからですね。ただし、その方々に受講ニーズがあることが大前提です。

英語の通信講座を例に取りましょう。英語は、今、日本人に最も人気がある学習カリキュラムの1つです。下は幼児から、上はシニアまで。目的も、ビジネス向け、観光向け、スキーピング、ライティングと様々です。それだけに、ターゲットを絞らないと、誰にとっても中途半端な教材になってしまいます。

まずは、「対象者像・前提」の項目を埋めていきます。

ターゲットの年代、性別、職業などの属性をイメージして書き出してみましょう。

例えば、ここでは、「大学生向け」としましょうか。

次に、目的をイメージして同じ欄に書き出します。

「CA(キャビンアテンダント)としての就職」などだと明快ですよね。女性に人気の職種なので、女性に絞り込むとよいかもしれません。

目的が決まったら、今度は、受講の前提を決め、同じ欄に書き込みます。例えば、「TOEIC500点以上」などでしょうか。

このターゲット設定を行うのには、大きく2つの意味があります。

1つは、プロモーション的な意味合いです。

例えば、今回、「女子大生」にターゲットを絞ったことで、女子大生に向けたターゲティング広告を打つことで販促効果が高まりますよね。また、募集用のホームページやチラシのデザインも、女性を表紙に、ＣＡとして活躍している姿がトップ画面に出るようにするととてもわかりやすそうです。

もう1つには、教材設計的な意味合いです。

前提条件としてTOEIC500点とすることで、その知識レベルを前提に、教材を設計することができますよね。あるいは、ゴールが明確なので、教材のシナリオも組みやすい。ＣＡの試験に出るような内容を網羅すればよいわけです。

モチベーションの管理もしやすいですよね。就職試験の時期から逆算して受講期間設定ができますし、模試などもつくれるでしょう。

あるいは、「ＣＡになったらこんな生活が待っていますよ」と先輩ＣＡに動画に登場していただくことで、モチベーションを高める施策が打てたりします。

このように、まずターゲットを決めることは、プロモーション上も、教材設計上も非常に重要なのです。

もう1つ、例を見てみましょう。あなたが「起業講座」をつくりたいとしましょうか。

そのとき、ターゲットはどのように考えたらよいでしょう。

まずは、「起業前の人」か、「起業後の人」かによって、ずいぶんと状況が違いそうです。

起業前の人向けであれば、今の仕事を辞めるべきか、最初は週末起業にすべきかの判断の仕方や、

【図表23　ターゲットにより内容は異なる】

起業後の人

起業前の人

同じ「起業講座」でも
教えるべき内容は異なる

起業の際の業種の選び方、登記の仕方やオフィスの選び方といったところも範囲に入ってくるはずです。

一方で、起業後の人であれば、そうしたことは既に済んでいるので不要です。集客の悩みや組織づくりの実践などに重点を置くべきかもしれません。

そして同じ「起業」でも、上場を目指すような起業と、フリーランスとして悠々自適に過ごすことを目指す起業では、これまた180度異なりますね。

4　受講者の「夢」「現状」と「講座のゴール」をセットする

ターゲットが決まったら、次に行うべきは、受講者の「夢」「現状」想定と、講座のゴール設定です。

最初に確認しておきたいのは、これら3つの位置関係です。あなたが提供する講座は、何らか受講者の夢の実現（あるいは悩みの解決）をサポートするものであると思いますが、講座が修了した時点でその夢が実現するというものではなく、図表24のように、講座の修了はその夢の実現の途中に位置づけられるものなのです。

例えば、起業講座があったとしましょう。この講座を受講する方が叶えたいのは、起業の知識習得そのものではありません。その先にある「起業して成功する」「理想のライフスタイルを実現する」というところにあるのです。

実は、多くの講座提供者が、この２つを曖昧にしがちです。するとどうなるか。クレームになります。「この講座を受けたのに起業がうまくいかなかった。どうしてくれるのか」というように…。

【図表24　講座のゴールは夢の途中】

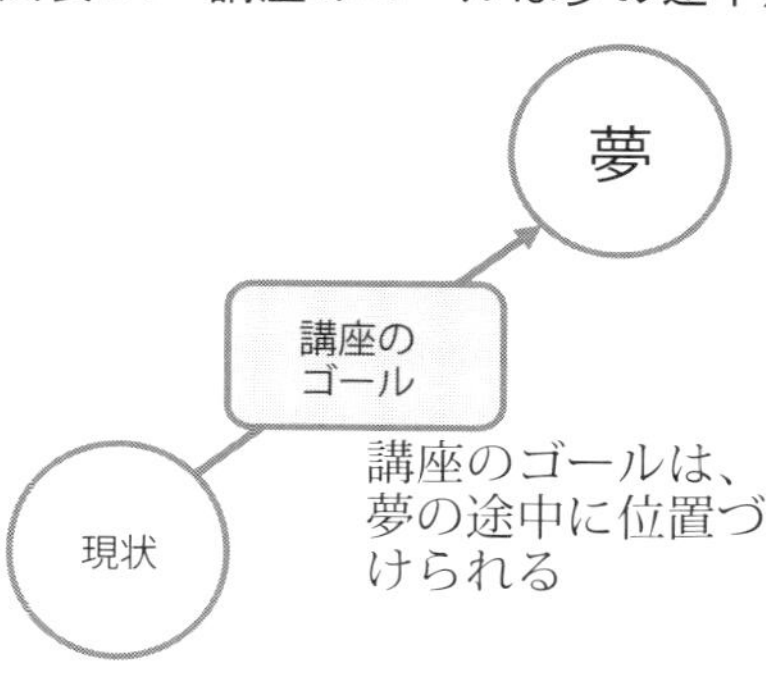

これを避けるために、このフレームを使って、受講者の夢と講座のゴールを分けて書き出し、受講希望者に明示するのです。

もう１つ「現状」ですが、ここには「夢」と対比的に現時点での状態を書き出します。講座提供者が講座を設計するときに、「現状」をイメージして設計することは非常に重要です。

例えば、起業講座で「夢」に「年収１，０００万円」「フリーランスとして自宅で働く」と書いたとしましょう。

その場合、「現状」に「年収350万円」「サラリーマンとして毎日片道1時間かけて出社」のように、対比的に書きます。

対比的に書くことで、ギャップが明確になりますね。この「年収のギャップが650万円」「勤務形態のギャップ」「通勤時間往復2時間分のギャップ」があります。この3つのギャップが、解消したい「課題」となり、この課題を埋めるサポートをするのが、講座の役割、講座のゴールということになります。

このシートを書くだけで、プロモーションのイメージ、カリキュラムのイメージがだいぶ湧いてくると思います。ぜひ、取り組んでみてください。

5　自分の強みを洗い出す

次に、図表25に自分の強みを洗い出していきます。今回つくる講座に関連して、ターゲットにアピールできることを箇条書きで書き出しましょう。

例えば、前述の「CAになるための英語講座」であれば、ご自身がCA出身であるとか、ご自身の講座でCAを20名輩出しているというような実績があれば強いですよね。

あるいは、起業講座であれば、ご自身が起業して10年、年商○円、○名の組織を率いている、などの実績や、ご自身の「起業塾」で○名の起業家を輩出、などの実績があると信頼されるでしょう。

【図表 25　コンセプト設計③】

テーマに対する自分の強み・経験・実績	

あるいは「ＭＢＡ取得」などの資格・学歴もよいと思います。

ここで書き出す内容は、プロモーションで使うための素材になるのはもちろんのこと、講座内でエピソードを紡ぐための下準備としても機能します。

受講者は、先生から直接的な知識・スキルだけでなく、体験談なども聞きたいものだからです。

このシートを書き出すことで、そうしたエピソードを講座に盛り込むことが意識できるとよいでしょう。

6　講座の5大特徴を決める

自身の強みを書き出したら、図表26のように講座の5大特徴を決めます（いったん「講座名案」は飛ばします）。これは、講座の売りを定め、輪郭を描く作業です。

【図表26　コンセプト設計④】

日本初！　内容のユニークさ、役立ち度、わかりやすい（充実の）教材、付加サービス、付属品セット、身につくスキルの特別性など

講座名案	
この講座の5大特徴	
メソッド名と内容	

5大特徴には、次のような内容が入ります。

・コンテンツとしての特徴

「日本初！」「○○を対象とした通信講座は初めて」など、コンテンツの内容面の特徴を挙げます。

・役立ち度

「この講座だけで資格取得範囲を全網羅」「知識だけでなくスキルも身につく」など、役立ち度の特徴を挙げます。

・教材の充実度、わかりやすさ

「テキスト＋ワークブックで覚えやすい」「実践部分が動画でわかりやすい」など、教材の充実度やわかりやすさの工夫を挙げます。

・付加サービス

「何度でも質問可」「実践添削課題つき」など、付加サービスを挙げます。

・付属品セット

「入門キット付」「必勝カレンダー付」など、付属品を挙げます。

・身につくスキルの特別性

「転職に即役立つ」「このスキルを持っている人は日本でまだ１００人未満」など、身につくスキルの特別性を挙げます。

・価格のリーズナブルさ

「通学講座で10万円の講座が、通信で半額で学べる」など、価格の安さを挙げます

・通信講座の利点

「いつでも、どこでも学べる」「通勤電車でスマホで学べる」など、通信講座の利点を挙げます。

このように、特徴に記載すると良い内容は、講座の内容面、教材としての利点など、多岐にわたります。

もしかするとあなたは、「そんなの、つくってからじゃないと書けない」とおっしゃるかもしれません。でも、逆なのです。コンセプトを最初に設計するからこそ、良い講座がつくれるのです。

ここに５つ挙げたら、このシートを見ながら、「果してこの講座は売れそうか」と客観視してみましょう。

ご自身で検討する際には、特徴を書き出してから半日～１日寝かせて、再度このシートを眺めてみてください。自分が受講者側になったつもりで、「こんな通信講座が売られていたら買うか」という目で見てみましょう。

【図表27　異なる立場からチェック】

いろいろな立場からチェックしてもらおう

あるいは、知人、パートナー、顧客にチェックしてもらうのも良いでしょう。自分にはない視点でチェックしてもらえます。

ちなみに、5つという数には理由があります。特徴が4つ以下だと売りが弱いですし、6つ以上だと多過ぎてわかりにくくなります。

仮に特徴が6つ以上ある場合には、「メインの特徴5つと、サブの特徴3つ」などのように、特徴の訴求力の大小に応じて、メインとサブを分けて考えてみましょう。

7　オリジナルメソッドを定義する

特徴が決まったら、図表26の「メソッド名と内容」欄に、ご自身のオリジナルの教育メソッドを記載します。

これは、何かというと、「井上式」「3Sメソッド」などのように、自分がこの講座内容を教授するに当たって駆使する教育的オリジナリティを名称化したものです。

【図表28　３Sメソッド】

キャッチーなメソッド名をつけよう

例えば、図表28のように、「スタンス（Stance）を伝えてからスキル（Skill）を伝え、最後にシミュレーション（Simulation）で確認する、これを『3Sメソッド』というように定義します。

あなたが、普段、通学講座で工夫していることがそのまま当てはまるかもしれないですし、通信講座独自に設定するのが良いかもしれません。ご自身の講座の特性によって検討してみてください。

「そんなもの特にない」「考えていなかった」というあなたは、この機会に考えていきましょう。

メソッドは、あなたの講師としてのオリジナリティを際立たせてくれるものです。

オリジナルメソッドの有無は、プロモーションと講座設計の双方に大きな影響を与えます。

プロモーション上でいえば、オリジナルメソッドが謳えることは、大きなプラス要素となります。

そして、メソッドを持っているということは、信頼につながります。

講座設計上は、メソッドに忠実につくり込むことで、講座の流れが整う効果があります。

前述に掲げた「３Sメソッド」でいえば、最初に「スタンス」を学ぶパートから入るという具合です。

【図表 29　講座名称を決める】

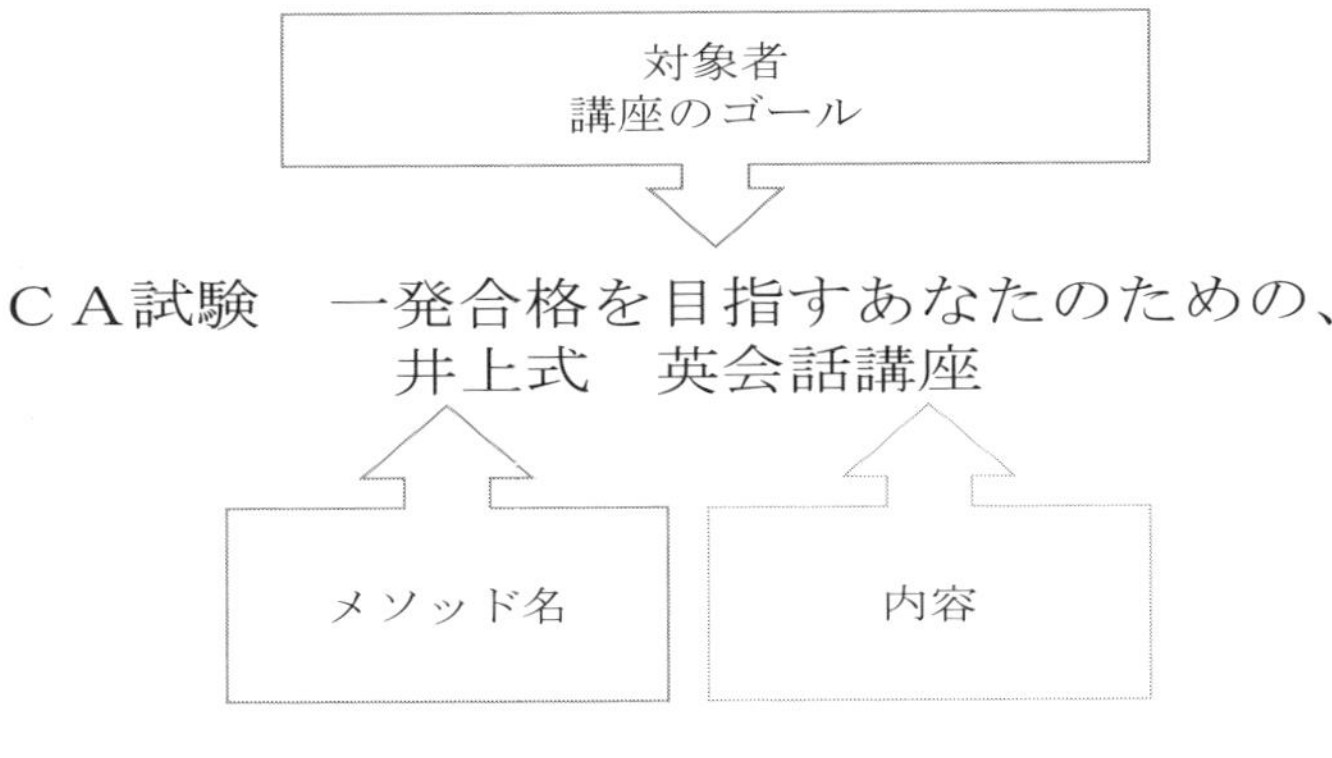

8　講座名称を決める

５大特徴とメソッド名が決まれば、講座名称を考えます。

講座名の決め方ですが、ここまでで見てきた「対象者」「受講者の夢」「講座のゴール」「特徴」「メソッド名」と内容を組み合わせてみると良いでしょう。

例えば、「ＣＡ試験　一発合格を目指すあなたのための、井上式　英会話講座」のような感じでしょうか。

これは、「ＣＡ試験　一発合格を目指すあなたのための」が、「対象者」「講座のゴール」を表していますね。「井上式」が「メソッド名」になります。

ちなみに、講座名称は、「ダルマの目を入れる」ような側面があり、教材が完成してさあ売るぞという段になって、最終調整したくなるかもしれません。

現時点では、片目を入れておくようなイメージで〝仮〟としておき、最後にまた最終決定すると良いでしょう。

【図表 30　コンセプト設計⑤】

競合分析 ・ポジショニング	

9　競合分析をする

さて、講座の輪郭が定まったところで、1回ここで目を外に向けてみます。

図表30のシートを用いて、競合分析をしましょう。類似コンセプトの講座を調査分析し、ここに書き出すのです。

通信講座形式での競合が1つもない場合は、通学講座を競合として考えてみましょう。

何を調べるべきでしょうか。それは、これまで自身で設計してきた内容と、講座の仕様です。すなわち、「受講対象者」「講座のゴール」「特徴」「メソッド」「価格」「受講時間・受講期間」「教材やサービスの提供形態」について調べると良いでしょう。

調べたら、次に行うべきなのは、ポジショニングです。

これは、マーケティングの手法ですが、講座の差別化を測る指標軸を2軸とり、各講座と自身の講座の位置づけをプロットしていきます。

例えば、「価格」と「サービスの充実度」というような2軸で考えてみましょう。縦軸に価格、横軸にサービスの充実度を取り、競合各社の講座名を適した場所に記載していきます（巻末の記入例を参照してください）。最後に、自社の場所をプロットします。

このとき、どんな状態になっていると良いでしょうか。

正解は、「他のどの講座とも重なりがない場所にある」ことです。他と違う場所にあることが、すなわち、差別化ができていることを意味するからです。

もし、他の講座と重なる場所に自分の講座があるようであれば、その講座と自身の講座がガチンコ勝負になってしまうことを意味します。後発のあなたのほうが不利かもしれませんね。

その場合は、重ならない場所になるよう、特徴・仕様を調整するか、あるいは別の軸で比較してみて、差別化が図れないか検討しましょう。

ここで注意すべきなのは、比較軸が、受講者にとって講座を選ぶ理由になり得る軸になっていることです。例えば、「教材のデザインの洗練度」という軸があったとして、あなたにとっては重要なことでも、受講者はそんなことお構いなしかもしれませんよね。

それでは、実際にご自身の例でワークしてみましょう。

【図表 31　コンセプト設計⑥】

目的:
カリキュラムのゴール:
ゴール達成の評価方法:
受講の前提条件:
受講料（オプションサービス含む）:
標準受講時間と受講期間:
教材セット： □テキスト　□動画（DVD・オンライン）　□メール　□副教材　□その他（　　　　　）
教育サービス: □スクーリング　□メンタリング　□質問対応　□フォーラム　□添削　□その他（　　　　　）

10　概要設計をする

競合分析が終わったら、講座の仕様を決めていきます。

図表31のコンセプト設計⑥を上から見ていきましょう。

・目的

目的とは、「受講者がこの講座を受講する目的」です。これは、コンセプト設計②で設計した「受講者が叶えたい夢」をそのまま書き出せばよいでしょう。

・カリキュラムのゴール

次に、「カリキュラムのゴール」です。ここも、コンセプト設計②で設計した「この講座のゴール」をまずはそのまま転記してください。その上で、それを要素別にブレイクダウンしてみましょう。例えば、「フラワーアレンジメントの講師になるための知識・スキルが身についていること」がゴールだとしてみましょうか。

ここには、何が含まれていて、何が含まれていないでしょうか。

例えば、「知識」の中には、「講師としてデビューするための開業届の知識」は含むでしょうか。あるいは、「生徒を募集するスキル」は含むでしょうか。さらには、「生徒に教えるためのファシリテーションのスキル」はどうでしょう。

【図表32　含む、含まないを明確に】

何を含んで何を含まないかを明確にする

このように、ひと口に「○○になるための知識」と書いても、何が含まれて、何を含まないかの境界線は、人によってとらえ方は様々です。

そこで、この「カリキュラムのゴール」では、それを明確にします。

もう1つここで明確にしたいのは、「ゴールの状態の定義」です。

例えば、「自転車の乗り方講座」を例にとって考えてみましょう。

「自転車の乗り方がわかる」というゴールと、「自転車に乗れる」というゴールとでは、全く異なりますよね。これが、「ゴールの状態の定義」です。

あなたの講座は、どのような状態になるまでをゴールに置きますか?

ゴールの状態には、主に「知る」「わかる」「できる」「人に教えられる」などの段階があります。これのどこをゴールにするかによって、講座の中身も大きく変わってきますし、この後説明する「ゴール達成の評価方法」も変わってきます。

・ゴール達成の評価方法

カリキュラムのゴールが決まったら、次にゴール達成のチェック方法を定め、この欄に記載します。

実は、このゴール達成を評価するというところが、通信講座のミソです。

前述の「通信講座と教材の違い」で説明したとおり、通信講座は教育のサービスで、成果を保証するのが本質的役割であると述べました。

その成果の保証をどのような形で行うかというと、この「ゴール達成を評価する」ということで行うのです。講座の区切りや終了時に合否判定をして、不合格ならやり直してもらうのです。

よく、通信講座では、添削課題が出たり、修了証がもらえたりすると思いますが、それらはこの「ゴール達成を評価する」という教育サービスとしての思想に基づき、設計されているのです。

では、ゴール達成は、どのように評価するのが良いでしょうか。「自転車の乗り方講座」を例にとってみましょう。

「自転車の乗り方がわかる」というゴールであれば、筆記試験でよさそうです。択一問題や自由記述式問題などを出し、正しい自転車の乗り方が理解できているかどうかチェックします。

一方、「自転車に乗れる」というゴールであれば、実技試験が必要です。通信講座で実現しようと思えば、例えば自転車に乗っているところをビデオ撮影して送ってもらうなど、少し大掛かりな課題が必要かもしれません。あるいは、評価時だけは試験会場に来てもらって直接実技評価するなどでしょうか。

このように、ゴールの定義によって、評価の仕方も大きく異なってきます。

・受講の前提条件を決める

次に、受講の前提条件を決めましょう。これは、コンセプト設計②で決めた、受講者の前提がベースになります。

例えば、「TOEIC500点以上」を受講者の前提としていたならば、ここも「TOEIC500点以上」となりますし、「大学生であること」が前提であれば、ここも「大学生」とするのが基本です。

ただし、コンセプト設計②と違うのは、ここで決めたい前提条件は、「足きり条件である」ということです。前提条件を満たさない方は、受講対象外として受講をお断りします。

何のために受講の前提条件があるかというと、受講者を限定することで、講座にジャストフィットした方だけに受講していただき、受講の成果を保証するためです。

受講の前提条件を揃えれば、受講者コミュニティーの質も高まります。例えば、「起業講座」において、「半年以内に起業を考えている方」だけを対象にすることで。皆で起業に向かって切磋琢磨するようなコミュニティーをつくることができます。

場合によっては、講座受講のための「入学試験」を課すのも手です。この試験に合格しないと受講できないというハードルを設けることで、受講できることそのものに価値が生まれます。

・受講料を決める

受講料をいくらに設定すべきかは、多くの方が悩みます。受講のしやすさでいえば、なるべく安くしたほうがよいかもしれないし、ビジネスとして考えれば、なるべく高くしたほうが良いかもしれない。ほんとに悩ましいですよね。

最終的には、あなたの意思で決める必要がありますが、ここではいくつか指針となる考え方を示します。

①　競合との価格競争力で決める
競合他社の講座との価格差があまりにも大きいと売れにくいかもしれません。価格は、競合を意

識して、戦略的に決定する必要があります。

単純に競合より安ければ良いということではありません。あえて高くして「品質の良さ」を示すのも1つです。

② 原価に利益を乗せる

例えば、教材の印刷代、自身のサービス提供に費やす時間コストなど、通信講座を制作、運営するのにはコストがかかります。そのコストを原価として、そこに利益を乗せて算出するという考え方です。赤字にならないために、最低限必要な考え方ですね。

【図表33　受講料の設定】

①　競合との価格競争力で決める

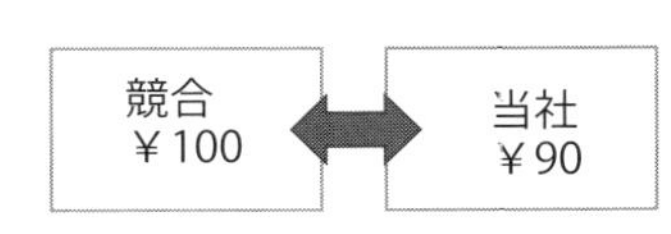

②　原価に利益を乗せる

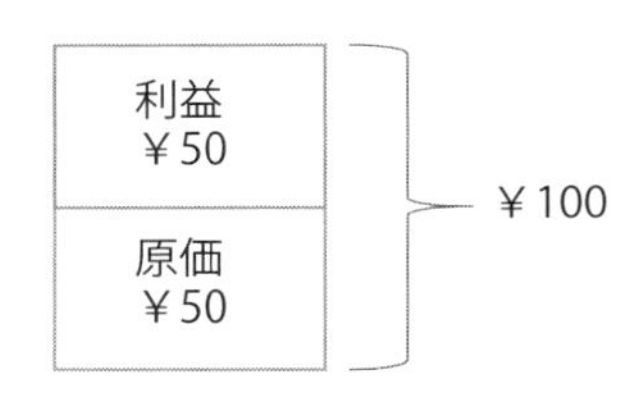

③　通学講座から算出する

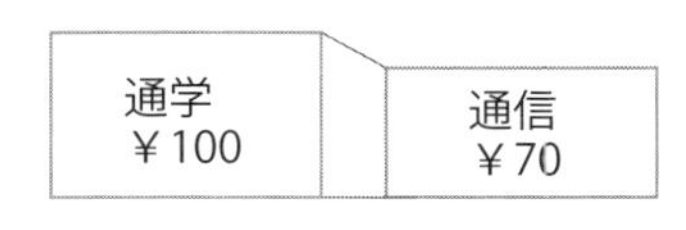

④　講座の価値で決める

原価の中には、受講者が1人増えるごとにかかるコストと、それとは関係なく、初期費用や固定費用としてかかるコストがあります。

例えば、「教材設計に費やした時間やコスト」「広告宣伝費に使用するコスト」などがそれに当たります。これらのコストは、年間で売れそうな数で割り算して、1人当たり原価に加えます。

例えば、年間で１００人の受講者を見込むのであれば、１００で割り、1人当たり原価に加えて計算します。

初期費用については、2年分の想定受講者数で割ってもいいかもしれません。その講座を売り続けることができる「賞味期限」によって、初期費用を何年分の受講者で割るかは異なります。このような考え方を「減価償却」といいます。

例えば、原価が1人当たり1万円かかると算出できたら、それに利益を1万円乗せて、受講料を2万円にするというように考えます。

③　通学講座から算出する

例えば、通学講座が10万円なら、通信講座もそれと同じく10万円とする。あるいは少しサービス内容が異なる分を反映して8万円とするというように、通学講座の価格を基準として価格を設定します。

④　講座の価値で決める

既に通学講座を展開している方は、この方式が一番しっくりくるかもしれません。

その講座が創出する価値を金額換算して価格設定します。

例えば、「外資系コンサルへの転職講座」なるものがあったとしましょう。外資系のコンサルティング会社に転職したいという方にとっては、喉から手が出るほど受けたい講座かもしれませんね。

そして、外資系のコンサルティング会社に転職できたら、年収1，000万円が堅いとします。仮に、現在、年収600万円の方であれば、400万円以上のアップが期待できますよね。するとどうでしょう。受講料を300万円に設定しても、「もし外資系コンサルティング会社に転職できたなら、1年で100万円おつりがくるし、何よりもその後のキャリアのステップアップになる」として、受け入れられるかもしれません。

あるいは、「頭痛が治る」「結婚できる」という通信講座だったらどうでしょう。人によっては、お金に代えがたいほどの価値を感じてもらえるかもしれませんよね。結果が保証されているのであれば、いくら出してでも買うよという方がいらっしゃるかもしれません。

このように、講座の創出価値で価格提示することができると、通信講座ビジネスとしても非常に効率の良いビジネスモデルが描けます。

ちなみに、何パターンか、講座のセットにパターンがある場合には、オプション価格も検討します。

・標準受講時間と受講期間を決める

次に、標準受講時間と受講期間を決めます。

通信講座には、一般的に、標準受講時間と受講期間の２つの概念があります。

「標準受講時間」というのは、この講座を受講したときの標準的にかかる時間のことを指します。例えば、本書を通信講座として見立てたときの「標準受講時間」について考えてみましょう。本を読むのが早い方なら、ただ読み切るだけなら、おそらく2時間もあれば十分かもしれません。

しかし、本書で取り上げている講座の設計をじっくり行うとしたらどうでしょうか。競合を調査する時間も必要かもしれませんし、じっくり考える時間も必要ですよね。

「標準受講時間」には、このように教材を受講するときにじっくり考えたり、復習したりといった時間も含めます。

例えば、本書にある内容に真摯に取り組んだら、「20時間」くらいかかるかもしれません（教材作成時間は除く）。すると、本書の標準学習時間は「20時間」となります。

これに対し、「受講期間」は、その講座のサービス提供期間を指します。

例えば、質問を受け付けたり、添削をしたりといったサービスは、永久に受け付けるわけにはいきません。ある一定の期間をもって終了する必要があります。その期間は、受講時間との兼合いで決めるのが妥当です。

仮に、標準学習時間が20時間の講座としましょう。

毎週、週末に1時間ずつ、計2時間の学習をするとして、月間で8時間学習が進むとすれば、２・５か月で学習が終わります。この場合、受講期間としては、少し余裕を持たせて、３か月とするのが一般的です。

昨今、流行りなのは、「2か月」方式です。一般的な通信講座の受講期間は、3か月や6か月のように「3」の倍数で設定することが多いです。3か月単位というのは、心理的に安心感があるのだと思います。

これに対して「2か月」方式には緊張感が伴います。その緊張感を利用して、高いテンションを保ちつつ一気に成果を出していくというのが、2か月方式の特徴です。

・教材セットを決める

受講に必要な教材のセットを決めていきます。

従来型の通信講座といえば、「紙のテキスト教材＋副教材＋添削課題」というスタイルが一般的でした。しかし、今は、オンライン化が進み、郵送物が一切ない形式もポピュラーになってきています。

それでは、代表的な教材の種類についてみていきましょう。

① テキスト

講座の構成要素において、テキストは最も基本的なものになります。最近は、動画講座も増えてきていますが、それでも動画のみで完結するより、テキストを併用したほうが受講しやすいケースが多いでしょう。

例えば、「料理講座」を例に取りましょう。実際の料理の手順などは、動画のほうがわかりやすいかもしれません。しかし、レシピやコツなどは、テキストとしてまとまっていたほうが便利です。テキストには、メモが取れるという利点もあります。

なお、最近は、テキストを印刷・郵送するのではなく、ＰＤＦなどの電子ファイルとして提供する形式も増えてきました。コストの面ではそのほうがメリットがありますね。

また、テキスト教材は、持ち運びに便利で、ネット環境がない場所やお風呂など、どこでも勉強できるという利点もあります。

【図表 34　最適形態の組合せ】

最適な形態を組み合わせる

②　動画

動きのある講座は、テキスト教材より動画のほうが断然学びやすいでしょう。

また、講師の魅力が伝わりやすいのも動画のメリットです。

そして、実は、制作コストの観点からも、テキストより安く抑えやすいのが動画です。

例えば、着付けの講座としましょう。動画であれば、実際に着付けを教えている様子を撮影すれば、ある程度教材の形になります。

しかし、テキストで行おうとすると、ポイントごとに写真を撮り、解説を文字で書き起こさなければなりません。同じことを伝えるのに、制作時間にして10倍以上かかったりするのです。

動画の視聴環境も大変便利になりました。今は、スマホで見られるので、電車の中などでも気軽に動画受講ができる時代です。

これに伴い、動画の提供形態も、一時期はＤＶＤが一般的でしたが、今はオンライン配信が一般的になりつつあります。

③　メール

教材の配信形態として、メールを使うのも1つです。メールの良さは、タイミングが仕込めることです。

例えば、資格試験対策講座であれば、試験直前に「直前対策」を送ってあげたり、激励メッセージを送ってあげたり、といった工夫ができます。

④　副教材

テキスト本体とは分けて送付することで、効果的に学習を推進する役割を果たすのが副教材です。

例えば、受講カレンダーや、単語カード、早見表のようなものが相当します。

受講者が講座のゴールを達成するために、本体教材以外に役立つ副教材が考えられないか、考えてみましょう。

⑤　その他

その他の付属品の必要性を検討します。代表的なのは、「入門セット」を付属させるパターンです。例えば、書道講座における「書道入門セット」が代表例です。筆や硯が最初からセットで付いてくることで、受講者にとってはやる気が増しますし、初動も早くなりますよね。

「パソコン入門講座」に、パソコン本体がついてくるというような例もあります。この場合は、講座で解説している操作画面と実際のパソコンとで、機種やＯＳ、ソフトのバージョンを一致させることができますから、「教材と実機とでボタンの位置が違ってわかりにくい」ということを防ぐことができ、初心者には安心です。

提供者からすると、副教材や付属品をセットにすることで、高単価にでき、物販の要素も持たせられますね。

なお、消耗品などは、継続的に自社から購入いただくことで、講座終了後も利益を生み出すようなビジネスモデルも構築できます。

・教育サービスを決める

受講者に提供する教育サービスを設計します。受講者が受講のゴールを達成するために、教育サービスは重要な位置づけとなります。

では、代表的なサービスについてみていきましょう。

①　スクーリング

スクーリングという言葉を聞かれたことはありますか。これは、普段通信講座を受講している受講者が、短期間教室に通うことを指します。

スクーリングを組み合わせるメリットは、実技などを指導しやすいことです。例えば、「着付け講座」において、最後に1回スクーリングを行って、マンツーマン指導を行ったり、卒業試験を行ったりというようなことが考えられますね。

また、スクーリングは、受講者同士の関係構築にも役立ちます。例えば、最初にキックオフスクーリングを入れることで、「皆で頑張ろう」というムードをつくり、その後はSNSでお互いを励まし合いながら進行していくというような場づくりもできます。

質問対応なども、対面のほうが行いやすいでしょう。

② メンタリング

受講者のメンタルのケアを目的として、メールやSNSなどでメッセージをやり取りするサービスを指します。

ダイエットで有名な「ライザップ」は、1日1回、必ず顧客からその日の食事を送ってもらい、それにトレーナーが激励メッセージやアドバイスを返すそうですが、これがまさしくメンタリングサービスです（あれは通信講座ではないですが…）。

メンタリングは、続きにくい通信講座を続けられる仕組みに変える革新的な手段として、今非常に注目されており、ヒットしている通信講座ではメンタリングサービスを一番のウリにしているところも少なくありません。

メンタリングサービスにより、単価が従来講座の5倍でも大人気という講座も誕生しています。

あなたの講座でも取り入れてみるのはいかがでしょうか。

③　質問対応

受講者からの質問に対応するサービスを指します。通信講座では、一般的なサービスです。

私がよく相談を受けるのは、「回数制限を設けるべきか」というものです。確かに、無制限に質問を受け付けて、1人当たり何十回も質問されたら大変な手間ですよね。通信講座をつくることで、通学講座時代の忙しさを軽減したいと思っていたとしたら、逆効果になりかねません。でも、結論から言えば、質問対応は「回数無制限」にすべきです。

1つには、質問回数制限がある教育サービスは、受講者目線で不便極まりないからです。例えば、「質問は5回まで」などと決まっていたとしますよね。すると、受講者としては、「この先にもっと重要な質問があるかもしれないからとっておこう」という気持ちになり、わからないところを解決しないままカリキュラムを進めていくこととなります。そのうちに不明点が重なってきて嫌になり、受講継続を諦めてしまいます。

管理が大変だという側面もあります。例えば、回数カウントはどうするのでしょうか。そのための専用ツールを導入したらコストがかさみます。講師からの回答がわかりにくかった際に追加質問をしたら、それも1回と数えるのかなどのルールも煩雑です。

経験上、質問はそれほどきません。10人いて、質問をしてくる人が2～3名、そのうちに複数回質問をしてくるのは1名とそんな具合です。

逆に、質問が多く来る場合には、教材に欠陥がある可能性があります。なので、とくに初期には質問をたくさん受け付けて、それを教材に反映していくべきなのです。受講者から質問があった箇所をどんどん改定していけば、質問は自ずと減っていきます。

また、「よくある質問と回答」をフォーラム上などに設置し、どんどんアップデートしていくことで、質問を徐々に減らしていくこともできます。

④　フォーラム

フォーラムとは、例えばFacebookグループや掲示板ツールなどを使った、受講者同士の横のつながりの場のことです。

切磋琢磨するムードをつくり、モチベーションを高め合ったり、先輩が後輩を指導するムードをつくり、講師の負担を減らしたりすることができます。

例えば、「写真講座」で、お互いに撮った写真をアップし合えば、盛り上がりそうですよね。

⑤　添削

多くの通信講座において、添削サービスが付属しています。添削課題があることで、受講者は期限までに終えようと頑張りますし、講師からフィードバックをもらえることでやりがいを得られます。自分の認識や実力をチェックしてもらえるので、自己理解にもつながります。

知識系の講座であれば、添削はメール提出や紙の郵送提出などで行うことができますね。

では、スキル系の講座の場合はどうでしょうか。

最近では、スマホで動画撮影してもらい、送ってもらって添削するという手法もポピュラーになりつつあります。

あるいは、セラピーやカウンセリングなどの講座の場合は、人に実施してみて、その所感をレポートとして提出してもらうことで、アドバイスを返却するというような手法もあります。

大切なのは、本来のゴール達成を支援する添削であることです。

例えば、「自転車に乗れる」がゴールなのに、自転車の各部位の名称を問う知識テストを行っていても、あまり意味がないですよね。

通信講座提供者の中には、体裁だけを整えようとして、このような無意味な添削を行っている業者も少なくありません。

⑥　その他

これまでに挙げたもの以外に、どんなサービスがあるでしょうか。

例えば、以前、私がかかわったウェブデザイン講座では、卒業生向けにウェブデザインの仕事を紹介するサービスを行っていました。

このように、講座内容を直接サポートするものではなく、受講者の夢の実現の支援を行うサービスなども考えられますね。

11　通信講座のシナリオづくりの秘訣

さあ、講座の概要が設計できたら、いよいよ講座のシナリオを書いていきましょう。図表35のフォーマットに沿って、埋めていきます。

1章単位で、学習目標（目次）、学習時間の目安、学習項目（概要）、モチベーションキープの仕組み・学習目標達成の評価方法をそれぞれ設計します。

シートの1行目に記入例が書いてありますので、参考にしながらつくってみましょう。

教材は「リズム」が大事

「学びやすい教材」と「学びにくい教材」とでは、何が違うのでしょうか。もっとも重要なことの1つが、「リズミカルであること」です。

ちょうど、音楽がそうであるように、テンポが安定していて、リズムが整っている教材は、ノリが良く、学んでいて違和感がありません。逆に、テンポが章によってばらばらで、リズムが不規則な教材は、いちいち立ち止まらされてしまい、学ぶ意欲がそがれてしまうのです。

では、リズミカルな教材の条件とは、どのようなものがあるのでしょうか。例えば、次のような条件です。

【図表 35　通信講座教材設計シート】

通信講座教材設計シート

講座名:

■総学習時間目安:

■作成日:

■講座目的	総学習時間	■ゴール(講座終了時の受講者の状態)とその評価方法	■モチベーションキープの仕組み

学習目標(目次)	学習時間	学習項目	モチベーションキープの仕組み・学習目標達成の評価方法
★記入例:第一章:1の段の掛け算 [□態度 /■知識 / ■スキル]	1時間	★記入例: ・掛け算とはなにか(アヒルの例で説明) ・1の段の掛け算の全体像(表で示す) ・1×1(いんいちがいち) ・1×2(いんにがに) ・・・・・	★記入例: ・イラスト例示をふんだんに盛り込む。 ・確認テスト(設問と回答を線で結ぶとイラストが出現)
[□態度 /□知識 / □スキル]			
[□態度 /□知識 / □スキル]			
[□態度 /□知識 / □スキル]			

① 章・項・節の長さが均一であること

第1章は2ページしかなかったのに、第2章はいきなり50ページ。かと思えば、第3章はまた3ページしかないというような教材は、受講者の学習テンポを乱します。

できるだけ同じ学習時間で各章が完結するように、ページ数や構成を揃えることが、学びやすい教材の第一歩です。

② 表現が統一されていること

例えば、目次の表記や、見出しの表記が統一されていること。これは、学びやすさという観点で、重要なことです。

「足し算の教材」を例に取りましょう。

第1章は「足し算恐竜ワオン君登場!」と、物語的なタイトルなのに、第2章では急に「2の段の足し算」と現実的になったり、第3章では「3の段の足し算をやってみよう」と、語り掛け調のタイトルになったりしていたらどうでしょうか。受講者が、混乱してしまうかもしれません。

「○○してみよう」というタイトルであればそれで統一する、物語調でいくのであればそれで統一する、そんな配慮が必要です。

教材をつくり込む際には、「コラム」「重要!」などの文字アイコンや、色にも意味が出てきます。重要なところは赤字、コラムは黄色バックなど、機能や重要度と、色とを一致させるようにしましょう。

③　基本は起承転結になっていること

学びやすい教材は、起承転結がしっかりしている教材です。これは、テレビアニメなどにも共通しています。

ここでは、例えば、ドラえもんを題材として、見てみましょう。

《起は「導入」「目的とゴールの明示」》

ドラえもんの始まり方、それは、多くの場合において、最初はのび太が何らかのトラブルを抱えるところからスタートします。これが「起」です。

「起」は、このように、この先の展開の導入部分として、内容に受け手が入り込むきっかけをつくってくれるものです。

同様に、教材においても「起」は、受講へのきっかけづくり、動機づけの役割を果たします。

代表的な「起」の要素としては、

・何らかのエピソードを交えて、

【図表 36　構成は起・承・転・結】

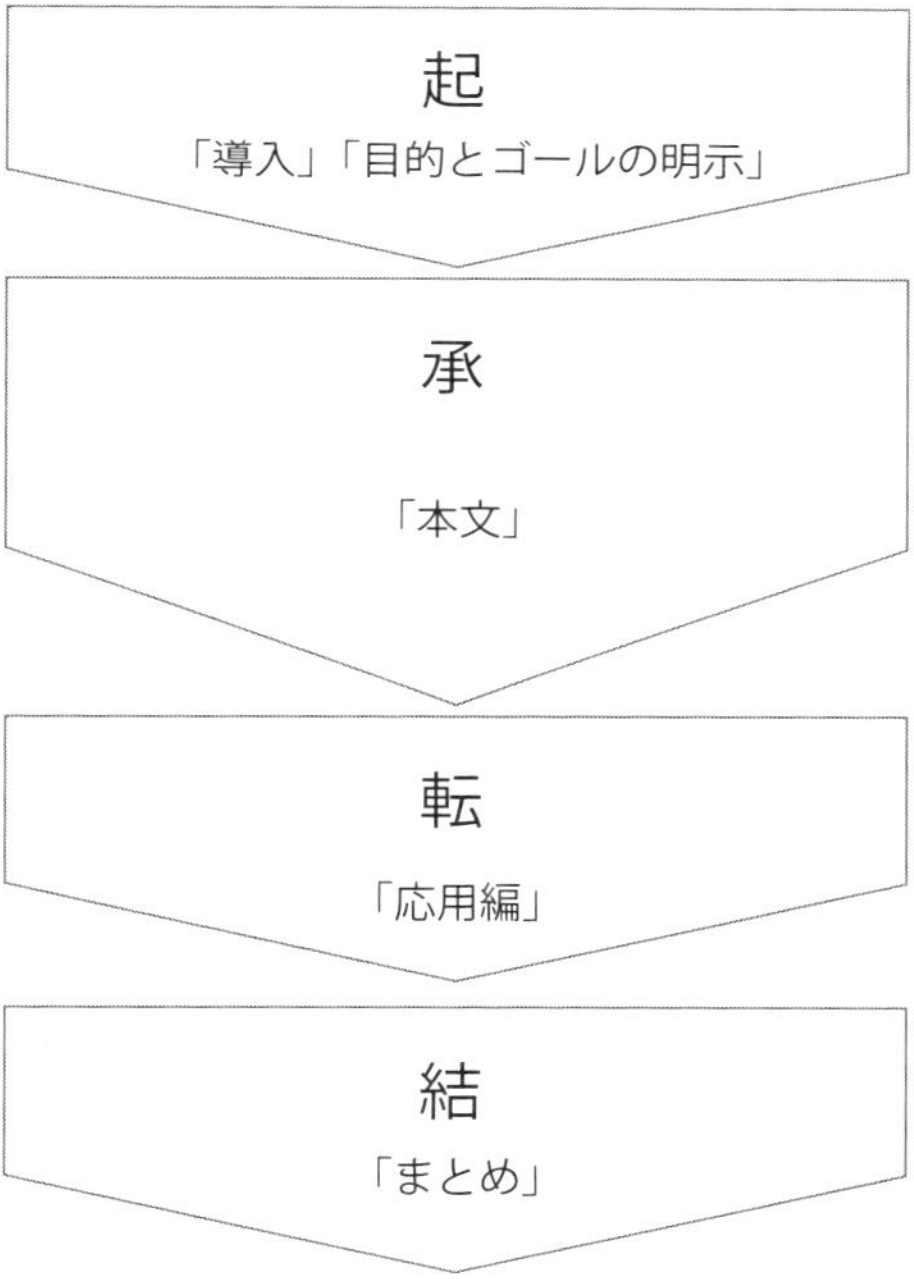

起 「導入」「目的とゴールの明示」
承 「本文」
転 「応用編」
結 「まとめ」

問題意識を醸成する
・目的とゴールを示す

というのが一般的です。

《承は「本文」》

話をドラえもんに戻しましょう。のび太のトラブルを聞いたドラえもんが次にとる行動、それは、ひみつ道具を出すこと。

解決に向けて具体的なソリューションを提示し、それを使って実際に解決していく過程ですね。メインシナリオともいえます。

同様に、教材においても、「起」で立てた問題を受けての解答や、ゴールに向けたレクチャーのメインが、この「承」の役割です。

一般的には、この「承」が一番ボリュームのある部分になります。

《転は「応用編」》

一見、順調にトラブルを解決していくドラえもんとのび太ですが、事はそう簡単には運びません。ここで1つ何かトラブルやリスクに見舞われ、ピンチが訪れます。ハラハラドキドキ、クライマックスに向けた山場ですね。

同様に、教材においても、「承」で展開したメインシナリオを受け、「こんな場合はどうする?」という応用編が必要です。応用編がないと、受講者は通り一遍のことしか理解できず、深い本質の理解まで辿り着けません。

《結は「まとめ」》

最後は、まとめです。ドラえもんにおける「結」は、オチ。毎回同じジングルが流れ、「ああ、これでオチだな」ということがわかりやすくなっています。そして、「転」の緊張感から解き放たれ、ある種の「安心感」さえ感じます。

同様に、教材における「結」も、毎回同じフォーマットを使い、「1つの学びの終り」を演出します。「まとめ」や「チェックリスト」などが一般的ですが、学習が一定程度まで進捗したことを伝え、その修了を確認し、学習者に安心を与える役割があります。

④　シナリオは態度↓知識↓スキルの順で

起承転結とは別に、もう1つ意識したいのは、学習の積上げ（レベルアップ）についての基本的考え方です。

例えば、自動車の運転について学ぶことを考えましょう。

大きくは、学科と実技に分かれていますよね。そして、最初は、学科で、「なぜ安全運転は大切か」「事故の恐さ」などの、啓もう教育から行います。

【図表37　カリキュラムの順序】

イ　態度（啓もうする）
→気づく（態度を整える）

ロ　知識
→わかる

ハ　スキル
→できる

その上で、「基本的なクルマの運転知識」「道路交通法」「ケーススタディ」などについて学び、「実技」に入っていきます。

このように、学習は、

イ　態度（啓もうをする）↓気づく（態度を整える）

ロ　知識を与える↓わかる

ハ　スキルを与える↓できる

の順で発展させていくのです。

あなたの教えたいカリキュラムにおいても、この「態度↓知識↓スキル」順序が効果的なのではないでしょうか。

通信講座の教材をつくるときにとくに気をつけるべきこと

ここまでは、教材設計の基本的ポイントを見てきましたが、とくに通信講座の教材ならではのポイントについて見ていきましょう。

スクール運営を既にされている方にとっては、教材をつくるということは、お手のものかもしれません。そして、既に教材をお持ちかもしれません。

でも、例えば、それをそのまま使って通信講座にしてしまうというのはありでしょうか。

多くの場合、「なし」です。それは、通信講座と通学講座とでは受講環境が違うからです。

通信講座と通学講座の大きな違いは、講師の有無です。講師がその場にいて、受講者の顔を見ながら話を進めていける通学講座に対して、通信講座では、教材単体で受講を進めていただく必要があります。

そのため、通学講座で講師が補足事項として話している追加情報、理解を促進するためのエピソード、例外事項、最新情報、コツなどのいわゆる「行間」情報を、通信講座では教材に盛り込む必要があるのです。

こうした行間情報を伝える際には、教材本文と区分けします。例えば、「コラム」「ポイント」「事例」などの共通小見出しをつくり、受講者の理解を促す情報を付記していきます。

⑴　質問が出にくい教材をつくる

講師がいないということは、質問もしにくいということを意味します。付加サービスとしてメールで質問を受け付けるにせよ、文字で質問をするというのは受講者にとってはハードルがあります し、「わからないことがわからない」というような状態の場合、そもそも質問をすることも困難だったりします。

そのため、基本的に通信講座では、「なるべく質問が出ない」教材づくりが求められます。

具体的には、次の点に注意します。

①　様々な角度から解説する

１つのことを複数の言い回し、事例、切り口で説明することで、理解を促進します。

② ステップを小さくする

教材の難易度を高めていくプロセスを、通学制に比べ細かくします。階段で譬えるなら、歩幅は小さく、1段当たりの高さも低く、少しずつ上がってもらうイメージです。

③ よくある質問と回答を載せる

通学制でよく受ける質問は、通信講座の教材内に「Q＆A」のような形で入れ込みます。

(2) 1学習単位を30分から1時間程度にする

通信講座と通学講座のもう1つの違いは、受講スタイルです。一般的に2時間以上、長いものだと終日使っての講義もある通学講座に比べ、細切れ時間を活用しての受講なども一般的な通信講座では、1つの学習単位を小さく設定するのが基本です。

その場合に目安となるのは、「1学習単位を30分から1時間程度にする」ことです。

例えば、紙の教材でいえば、4ページ~8ページ程度でしょうか。それを1日分とします。セルフワークや章末のテストなども含めても、1時間以内で終わるのが望ましいです。

(3) フィードバックが得られる仕掛けを入れる

通信講座では、講師や他の受講者が身近にいないので、理解度のチェックが会話などではできません。

そこで、章立てごと、1学習単位ごとなどで、チェックリストやチェックテスト、ミニワークなどを用いて、理解度をセルフチェックしてもらう仕掛けが求められます。

セルフチェックで理解度を確認することで、受講者は安心して、モチベーションもキープした上で、次の学習に進むことができるのです。

以上、教材シナリオのつくり方を見てきました。

それでは、教材設計シートに取り掛かってみましょう。

コラム　教材設計のノウハウ「インストラクショナルデザイン」

第3章、お疲れさまでした。この章では、冒頭でも触れたとおり、インストラクショナルデザインの手法を用いて、通信講座の設計手法を見てきました。

このインストラクショナルデザインをもっと極めたい方のために、ここではおすすめの書籍をご紹介します。

インストラクショナルデザインにおいてとくに有名なのは、「インストラクショナルデザインの原理」（ロバート・M.ガニェ／北大路書房）という本です。

このガニェという方が、インストラクショナルデザイン界における大御所。演歌界におけるサブちゃんのような存在です。でも、正直言って、この本、学術的で読みにくいです。

そこでおすすめなのは、「教材設計マニュアル―独学を支援するために」（鈴木 克明／北大路書房）です。

鈴木さんという著者は、海外の書籍の翻訳も手掛けつつ、ご自身でも国内でいろいろ実践経験をお持ちのようです。そして、この本は、実務的でとても読みやすいのです。もし、ご自身で掘り下げてこの分野を学習されたい場合は、この書籍で学習されるのも1つです。

【図表38　翻訳書より和書がおすすめ】

第4章　通信講座作成法「制作編」

1　時代は動画配信が主流

教材設計ができたら、いよいよ教材作成に入ります。

今、教材の主流は、テキストから動画に移りつつあります。そこで、まずご自身の講座において、動画教材を取り入れるべきかどうかを考えていきましょう。

動画のメリット、デメリット

そのために、まずは動画のメリット、デメリットを見てみましょう

○動画のメリット

・実技などがわかりやすい

・制作も実技をコマ割り写真で示すより簡便

・講師にタレント性、魅力がある場合、それが生かせる

・臨場感がある

×動画のデメリット

・製作費がかかる（ことが多い）

・受講の利便性は低い（紙教材のほうが簡便）

・更新性が低い（1か所でも修正点がある場合、基本的に全体撮り直し）

ざっと代表的なものを挙げるとこんな感じです。ご自身の講座において、動画の有効性は生かせそうでしょうか。まずは判断してみましょう。

【図表39　動画のメリットとデメリット】

○動画のメリット

- 実技などがわかりやすい
- 制作も実技をコマ割り写真で示すより簡便
- 講師にタレント性、魅力がある場合、それが生かせる
- 臨場感がある

×動画のデメリット

- 製作費がかかる
- 受講の利便性は低い
- 更新性が低い

動画教材の作成から配付までの手順

動画教材の作成から配付までは、主に次の3つの手順に分かれます。

1　撮影
2　編集
3　配付（配信）

この3つの手順に分け、次に手法を見ていきましょう。

2　動画教材のつくり方「撮影準備編」

動画のタイプ検討

動画教材をつくるには、まずは動画の大まかなタ

イプを検討します。
例えば、次のようなタイプがあります。自身に適したタイプを検討しましょう。

① 通学講座やセミナーを録画する

最も手軽に動画化できるのがこの形式です。普段行っている講義を撮影するだけで、講座化できます。

専用に撮り下ろすわけではないので、受講者の声や雑音などが入ってしまいやすいのと、一発本番になってしまうのでやり直しがきかない点が要注意です。

また、そのときの受講者のムードなどにどうしても引っ張られてしまうリスクもあります。

一方で、臨場感溢れる映像になるというメリットもあります。

大手予備校の動画講座などは、このタイプです。

② 自身がカメラに向かって話す（撮り下ろす）

動画講座において最もポピュラーなのが、自身の講義を撮り下ろすタイプです。

何度でも納得がいくまでやり直せますし、撮影場所も自由です。

③ モデル登場

モデルがいないと成立しにくい講座や、受講者役と講師との掛合いなどがあったほうが良いタイプの講座もあります。着付講座やプレゼンテーション講座などはその典型です。

その場合、モデルや受講者役などを手配し、参加してもらいます。実際の受講者に依頼しても良いですし、劇団員の方などにアルバイトでお願いするのも良いでしょう。

④　スライド＋音声

図表や文字を表示し、それに解説を加えるような講座形式をとりたい場合、自身が映り込む必要性がなければ、「スライド＋音声」という形式をとることも可能です。

この方式は、最も制作コストがかからないという利点があります。例えば、パワーポイントの機能を使えば、パソコン1つで音声とスライドが同期した講義プレゼンテーションを簡単に作成できます。それをそのまま動画ファイルに変換すれば完成です。

デメリットとしては、単調な動画になりやすいということです。画面に人が映っていないと、どうしても受講者を惹きつける動画にはなりにくいものです。

そこで、飽きさせないために、例えば、パートごとに講師が映り込むパートと、スライド＋音声形式のパートとを使い分けるといったことも必要かもしれません。

⑤　アニメーション

アニメーションを使った講座というのは、これまで私たち小規模事業者にとっては高嶺の花でした。しかし、今はテクノロジーの進化で、夢ではなくなっています。

「Vチューバー」という言葉を聞かれたことがあるでしょうか。ユーチューバーの進化系、アニメーションでユーチューブに登場するユーチューバーのことです。

今、このVチューバーがブームです。そして、Vチューバーになれる技術がどんどん身近になってきています。

最も簡単なのは、「X」以降のiPhoneを購入することです。iPhone Xには、フェイストラッキングという機能がついています。この機能と、ブイチューバーになれるアプリを組み合わせることで、自分の顔の表情をリアルタイムに反映したアニメーションを簡単につくることができます。

顔出しが苦手な方、ユニークな講座に仕立てたい方、子供向け講座をつくりたい方などにはおすすめの方法です。

台本を書く

カメラを前にして即興で話せる方は良いですが、そうでない方はあらかじめ撮影用の台本をつくっておきます。

話す内容やカット割り（撮影の構図）、それぞれの時間割を簡単にまとめておくのです。自分用のメモなので、自分がわかればそれで構いません。

3 動画教材のつくり方「撮影編」

撮影タイプが決まり、台本を作成したら、いよいよ撮影に入ります。

ここでは、前項②自分がカメラに向かって話すタイプを想定して記載します。

本格的につくる場合は、撮影スタジオを借り、プロの撮影スタッフに依頼します。相場はまちまちですが、１つの目安としては、１時間の完成動画で10万円くらいと考えるとよいでしょう。プロに頼めば高品質な動画ができますし、編集の手間も不要です。

一方で、コストを抑えたい、カジュアルにつくりたい、何度も更新していきたいということであれば、自宅やレンタルスペースで、自身で撮影するのも手です。

今は、スマホでも十分に一定品質の動画が撮影できます。画質にこだわる場合は、ビデオカメラや一眼レフカメラの動画機能などを使います。

また、必要に応じて照明器具なども使用します。メイク講座や料理講座など、映像そのものをきれいに見せることに意味があるものには使用すると良いでしょう。

【図表40　動画撮影風景】

いずれの方法を選ぶにせよ、注意したいのは音声です。音声がきれいに撮れていないと、大きな受講ストレスになります。

まず、外の音がうるさい環境などは避けましょう。加えて、あまりに反響音が入る空間も避けたほうが良いです。カメラと自分との距離が出る場合には、ピンマイクを使うと良いでしょう。

こうした撮影の機材や基本的な技術は、どのように学べばよいでしょうか。私のおすすめは、ユーチューバーに学ぶことです。ユーチューバーは、まさに日常的に動画の撮影、編集をして収入を得ています。彼らの機材や手法に学ぶのです。

「ユーチューバー、機材」などで検索すると、有名ユーチューバーの撮影機材や編集ソフトの情報、撮影風景の動画などを見つけることができます。私も時々講座を自分で作成して、販売したりしていますが、そのときに参考にしたのがこの方法でした。

機材については、今はAmazon等で非常に廉価で手に入ります。照明やピンマイクなどは、数千円でそこそこの品質のものが手に入ります。

資料の提示方法について

一般的な講座の場合、通常の講義のときのように、スライドを示したり、ホワイトボードを使ったりしながら進めたほうが、ただ身振り手振りなどで話すより効果的なことがあるかと思います。そのようなことをしたい場合、どうすればよいでしょうか。

1つには、テレビやPCのスライド画面を映し込みながら話すスタイルがあります。一般の講義でプロジェクターで照射しているようなイメージです。

自宅で撮影するような場合は、カメラと講師との距離はもっと近いと思いますし、プロジェクターもなかなか準備しにくいかと思いますので、テレビやPCを使います。

あるいは、小さめのホワイトボードを使う方法があります。文具屋さんなどで売っている、机くらいの大きさのものが便利ですね。イケアなどで売っている立て看板用のホワイトボードも便利です。

ホワイトボードではなく、スケッチブックや画用紙などにマーカーで書いていくような方法も良いと思います。

カメラ目線を意識する

いざ話すときには、カメラ目線を意識しましょう。動画を視聴する側は、講師がカメラに向かって話していると、自分に向かって話してくれているような感覚になります。カメラに向かって話すのは、慣れないとなかなか照れ臭いですが、頑張りましょう。

画角を意識する

撮影の際には、カメラの高さ、自分とカメラとの距離、背景に映り込んでいるものなどを意識しましょう。これらも、人気ユーチューバーの動画が参考になります。

スマホで撮影するにせよ、カメラで撮影するにせよ、高さを自由に調節するためには、三脚を使うと良いでしょう。

カメラの高さは、自分の目線より少し上が良いと思います。

自分とカメラとの距離ですが、最近はスマホで受講する方も増えてきているので、その前提で近めに撮ったほうが良いでしょう。

画面に占める自分の大きさを意識しましょう。背景に観葉植物などがあると、無機質にならずよいかもしれません。

撮影を1人で行う場合には、きちんと撮れているか、自分でモニターしながら撮れる環境をつくれると良いでしょう。

スマホの場合は、インカメラで撮影すれば、常時自分の姿を確認しながら撮れます。ビデオカメラや一眼レフを使う場合は、可動式モニターが付属しているタイプのものを使うと便利です。モニターを調整し、常に映っている自分を確認しながら撮りましょう。

5分から15分刻みで区切りながら撮る

動画コンテンツのコツは、1コンテンツを短めに区切ることです。

最近は、スマホ受講が一般的になってきていますが、スマホ受講は細切れ時間に行う方も多いので、1コンテンツの再生時間が短いほうが好まれます。動画視聴は疲れやすいということもあります。

1コンテンツの長さが5分〜15分の間に収まるくらいが良いでしょう。例えば、30分の講義とすると、2〜6本のコンテンツに分けて撮影するという感じです。

4　動画教材のつくり方「編集編」

撮影が終わったら、編集です。撮影したものを、より受講しやすい形に整えます。

編集には、編集用ソフトを用います。簡単な編集なら、スマホのアプリで可能です。個人的なおすすめは、「InShot」というアプリです。iPhone版もAndroid版もあります。

本格的な編集をするなら、ＰＣで行うのが良いでしょう。こちらのおすすめは、「Premiere Elements」というソフトです。

代表的な編集テクニック

では、代表的な編集テクニックについて見ていきましょう。

① 不要な部分をカットする

撮影素材の中で、余計な「間」の部分をカットしていきます。

人気ユーチューバーのコンテンツを見ると、このカットを非常にこまめに行っていることがわかります。

間の多いコンテンツは、それこそ間延びして飽きやすくなります。カットして無駄のない動画コンテンツにしていきましょう。

②　明るさを調整する
編集ソフトの機能で、色味や明るさを最適化します。どうせなら、キレイに魅せられたほうが良いですよね。

③　オープニングとエンディングをつくる
必要に応じて、オープニングとエンディングを作成します。テレビ番組のイメージです。

④　テロップを入れる
強調したい部分などを中心に、テロップを入れます。

⑤　ＢＧＭを入れる
イントロ部分などを中心に、必要に応じてＢＧＭを入れます。

⑥　効果音を入れる
強調したい部分、演出したい部分などに効果音を入れます。

バラエティ番組で研究しよう

ここまで簡単に動画編集のテクニックを挙げてきましたが、それぞれの手法の具体的な使い方やつくり方は、テレビのバラエティ番組で研究するのが一番です。

動画をつくる参考にするという目線でバラエティ番組を見ると、プロの仕事の素晴らしさに気づきます。カメラワーク、画角、画質、テロップ、ＢＧＭ、効果音の使い方など…。

例えば、テロップのフォント1つとっても、番組内容に合わせてつくり込まれていたりします。当然、私たちは、そこまで凝れないですし、凝る必要もないのですが、見る側を惹きつけ、飽きさせないテクニックは共通しています。貪欲に学んで生かしましょう。

ちなみに、「動画編集は難しそう」と、試す前から敬遠気味の方もいらっしゃいますが、今流行りのTikTokを見ればわかるように、今や中高生でも気軽にスマホで動画編集をする時代です。アプリ側の進化で、誰でもマニュアルなしで直感的に編集ができるようになってきています。

近い将来、動画編集スキルは、パソコンのタイピングスキルくらい一般的になるのではないかと思います。

通信講座ビジネスを志す者として、できるようになっておいて損はありません。まずは1度、簡単なものから試してみてはいかがでしょうか。

5　動画教材のつくり方「配信設定編」

動画の撮影、編集が完了したら、いよいよ配信設定です。動画を受講者に届けるための手段を選びます。

従来は、動画の提供といえばＤＶＤが主流でしたが、今は主役がオンライン配信に移行しつつあります。音楽視聴がＣＤからオンライン配信に移行してきているのと同じですね。スマホ視聴が一般的になったことで、DVDなどの媒体は適さなくなってきたのです。

では、オンライン配信をするためには、どのようにしたらよいのでしょうか。ここでは、代表的な2つの手法をご紹介します。

① ユーチューブで配信する

1つ目は、ユーチューブで配信する方法です。一般公開すると誰でも無料で視聴できてしまうので、「限定公開」にしておき、購入者だけにURLを通知します。

無料で使え、またプラットフォームとして安定しているので大変便利です。

反面、1度URLを通知してしまうと、視聴期限が過ぎてもずっと見られてしまうといったデメリットや、他の人にURLを転送されてしまったら誰でも見られてしまうといったリスクもあります。

② LMSで配信する

2つ目は、LMSで配信する方法です。

LMSとは、ラーニングマネジメントシステムの略で、通信講座専用の配信システムのこと。様々なLMSが存在しますが、私のおすすめは「edulio（エデュリオ）」というLMSです。有料ですが、リーズナブルで、機能も洗練されています。

LMSを使うと、受講期間管理が可能になります。受講者ごと、ID、パスワードが発行でき、受講期間が切れたらログインできなくなります。

さらに、視聴ログをチェックできたり、ポータル内で質問対応ができたり、課題提出管理ができたり、テストが実行できたり、受講状況に合わせた一斉メールを配信できたりといった、通信講座を提供するための機能が整っています。

6　紙面教材のつくり方「レイアウト編」

さて、ここまで動画教材のつくり方を見てきましたが、ここからは紙の教材のつくり方について見ていきましょう。

紙面教材をつくるには、まず、教材としてのデザインレイアウトを考えます。版の大きさや基本的な段組み、構成などですね。

おすすめは、市販の大手通信講座か書籍教材を購入して研究することです。通信講座が高くて手が出ないという場合は、オークションなどで中古教材を買うといいと思います。大手の教材のレイアウトやデザインには、プロのノウハウが詰まっています。

編集ソフトを決める

市販教材の研究と並行して、教材編集に使うソフトを選びます。ここでは、方針別に２つのソフトを紹介しましょう。

① 手軽さ重視のあなたは「Word」

ＩＴスキルにそれほど自信がないあなたや、できるだけ簡便に制作したいあなたは、一般的な文書ソフトである「Word」で編集しましょう。

大手教材のような洗練さには少し欠けるかもしれませんが、テンプレートやアイコンを整えることで、十分市販に耐え得る教材になります。

② プロ志向のあなたは「InDesign」

どうせなら一流を目指したいというあなたは、プロも使っている文書デザインソフトである「InDesign」を使用してみましょう。

慣れるまで少し時間を要するかもしれませんが、慣れてきたら効率化を支援してくれる機能も満載で、教材制作が楽しくなるはずです。

テンプレートをつくる

制作ソフトを決めたら、教材のテンプレートをつくっていきましょう。特に最初に行うべきは、「起承転結」のページ割りです。

研究対象の教材を見てみましょう。１日分の学習ページを８ページとして、１ページ目で「起」、２ページ目から５ページ目で「承」、６、７ページ目で「転」、８ページ目で「結」など、役割が決まっています。

また、受講した日付を入れる欄が設けられていたり、重要なところには重要マークがついていたりと、直観的に学習が進むように、細かなところにも配慮が行き届いています。

こうしたレイアウトを模倣して、あなたのコンテンツのテンプレートをつくってみてください。

7　紙面教材のつくり方「執筆編」

【図表41　イラスト、写真、図を挿入する】

４ページに１枚以上、イラスト、写真、図を挿入する

テンプレートが完成したら、実際に教材を執筆し、どんどんテンプレートに入れ込んでいきます。この場合、受講のしやすさを考え、次の2点を注意します。

・4ページに1枚以上、イラストや写真、図を挿入する

目安として、4ページに1枚以上、イラストや写真、図を挿入します。図版のない、文書だけのページが続くと、受講者は息が詰まってしまいます。

入れるべき図版がない場合は、それほど深い意味はない挿絵でもよいので、挿入します。

・動画との連携を意識する

動画とテキストの併用教材の場合には、動画とテキストの主従関係を決めます。

動画が主、テキストが従の関係であれば、動画の中で「ここでテキストの○ページを参照してください」のように、テキスト参照ページを指定します。

一方、テキストが主、動画が従の関係であれば、テキストの中に動画のアイコンなどを入れ、「ここで動画の○番を参照してください」のように、動画の参照番号を指定します。

このように、複数教材がある場合には、受講者が迷わないようなガイドを入れていきます。

コラム　人気ユーチューバー研究のすすめ

通信講座教材をつくるに当たって、とくに私がおすすめしたいのが、人気ユーチューバーの動画を研究することです。教育系動画である必要はありません。

ご存知のとおり、ユーチューバーは、動画の再生回数を稼ぐことを生業としています。つまり、「見てしまいたくなる動画」をつくるプロなのです。

しかも、動画の撮影、編集を、すべて1人で行っている人がほとんどです。それも、学校で学んだわけではなく、見よう見まねで習得し、活動しています。撮影場所も、多くの人が自宅です。それらの点から、われわれが通信講座で動画づくりをする上でのロールモデルとしても、注目すべきと考えます。

例えば、「はじめしゃちょー」というユーチューバーをご存知でしょうか。日本で一番登録者数が多いユーチューバーで、２０１８年12月10日現在、７１９万人の登録者がいます。

実際に見てみると、かなり軽いノリなので、人によっては少し抵抗を感じるかもしれません。しかし、彼の動画のノリやテンポには、これからの通信講座が目指すべきエッセンスが詰まっていると私は感じています。

例えば、彼の動画の編集手法を研究すると、かなり細かく無駄な部分をカットしてつないでいることがわかります。詰め過ぎて、ちょっと前のめり感があるほどのカットです。このつなぎ方が、今の若い世代にとっては「ちょうどよい」感覚なのだと思います。

全体の尺も短くまとめており、また、いったんエンドロールを見せてから、最後のオチを流すような手法も独特です。

正直、今の通信講座の大半の動画は、四角四面でつまらなく。飽きてしまいます。だから、これからユーチューバーの手法を取り入れて、カジュアルに楽しく講義をする通信講座がブームになると踏んでいます。

ぜひ、あなたもいち早くこうしたユーチューバーの手法を取り入れて、受講者目線で「楽しくて飽きない」動画づくりを目指してみてはいかがでしょうか。

ちなみに、教育系ユーチューバーの中では、英会話の「バイリンガールちか」さんがおすすめです。

ちかさんは、２０１８年12月現在、登録者数１２８万人。そして、人気の動画は、再生数が１００万再生を超えています。なぜ、これほどの人気を誇るのでしょうか。私は、彼女の動画の第１の魅力は何といってもその「おしゃれさ」にあると感じています。モダンなインテリアをバックにしたきれいな映像と、軽快なトークは、お堅い英会話スクールのものと違って、気軽に視聴することができます。

そして、扱うテーマも実用的かつ楽しめる内容になっています。例えば、「お疲れ様です！　は英語で何と言う?」「ガチすぎる！　アメリカのハロウィン」など、アメリカの文化が垣間見れる内容になっており、興味がそそられます。

１つの動画は10分程度で、隙間時間で見やすいのもポイントかもしれません。そして、ご自身の結婚や出産の報告もUPするなど、私生活をふんだんに見せているのも、親しみがわき、ファンが増える秘訣かもしれないですね。よろしければぜひ、チェックしてみてください。

他にも、人気ユーチューバーランキングを検索したり、ユーチューブの「急上昇」ボタンを押してみたりすれば、今人気のユーチューバーの動画をチェックすることができます。

チェックのポイントは、「時間（長さ）」「構成」「効果音」「音楽」「テロップ」「トーク」「画面内の人物と背景のバランス」など。自分が動画をつくる視点で見てみると、いろいろな発見があるものです。メモを片手に、動画を見ながら気づいたことをどんどん書き込んでみてはいかがでしょうか。きっとグングン動画作成スキルが上達するはずです。

第5章　売上を3倍伸ばす効果的な通信講座の仕掛け方

1　教材ではなく、夢を売る

ここまで、通信講座のつくり方にフォーカスを当てて見てきましたが、いかがでしたでしょうか。
第5章と第6章では、通信講座の売り方にフォーカスを当てて見ていきます。
まず、第5章では、仕掛け方、すなわち大枠の考え方・ポイントについて見ていきます。

1つ目のポイントが、「教材ではなく、夢を売る」です。

第3章でも触れましたが、受講者は、何か夢を叶えるためにあなたの講座を受講します。なので、あなたの講座を売るときには、講座そのものの魅力を伝えるのではなく、受講対象者が叶えたい「夢」の魅力について大いに語り、夢が叶った人の姿を描くのが効果的です。

【図表42　教材ではなく、夢を売る】

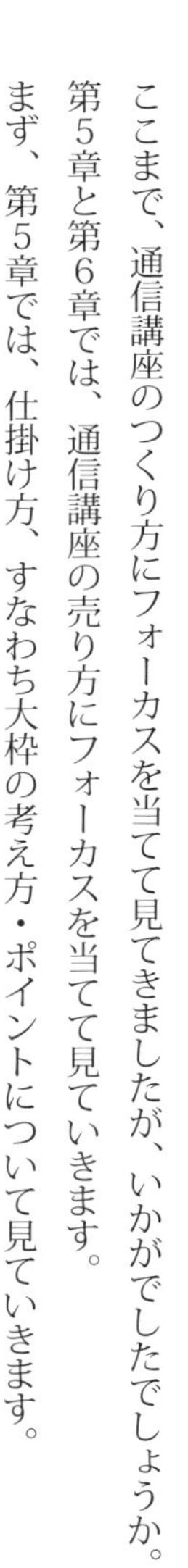

一方で、多くの通信講座事業者が

やってしまいがちなのが、「教材の魅力を語る」ことです。この教材はどこが優れているだとか、どんなに学びやすいだとかです。

それは、受講者にとって、最初に得たい情報ではないのです。

例えば、「起業講座」だとしましょう。この講座を売るときに、まずすべきは、何でしょうか。そう、「起業の魅力」を語ることです。

脱サラして起業した方のインタビューなどを通じて、いかに起業にやりがいを感じているか、今の生活が充実しているかを語ってもらいます。あるいは、起業のメリットをサラリーマンとの対比表などで示します。こうしてまずは、「夢＝目的」を実現したいと強く思ってもらうことが、講座受講のきっかけになるのです。

大手通信講座のユーキャンのパンフレットを見てください。教材の特徴より先に、夢を叶えた人のインタビューや、その資格の魅力、有望性などについて示すパートが来ているはずです。

あなたの講座が叶える夢は何ですか？　それは、どうやって伝えれば、受講対象者に魅力的に伝わるでしょうか。改めて考えてみましょう。

2　見た目を演出する

通信講座の販売で意外に大事なのが、この「見た目の演出」です。

どういうことかというと、教材の「ガワ（外見）」の写真をきれいに撮って、販促に使用するということです。教材の中身ではなく、「ガワ（外見）」の写真というところがポイントです。

講座のデジタル化が進んできた現在、受講に必要なキットがすべて電子データで送られる仕組みも珍しくなくなってきました。テキストはＰＤＦ、動画はユーチューブ経由、課題添削はメールでやり取りというような形です。

それでも、未だに「それらが物理的に存在している写真の有無」が、販売の成果に直結します。

例えば、ＰＤＦや課題添削のやりとりは、それらのファイルを印刷したものを用意し、宣材写真を撮ります。動画は、スマホやＰＣに映っている状態を撮影します。このときのポイントは、動画の画面だけをキャプチャーするのではなく、スマホやＰＣの本体ごと撮影することです。

こうして、教材が物理的に存在することを示すことで、受講対象者は「そこに確かに教材がある」という安心感を得るのではと思います。

3　売れ続ける仕組みをつくる

とくに、1人で事業をしている講師にありがちなのが、「通信講座をリリースした当初だけ売れて、尻すぼみ」というパターンです。これは、既存の自分の顧客やファンにだけ売れたことを表します。

しかし、せっかく大きな時間的投資をして通信講座をつくるのであれば、一過性のものに終わらせず、売れ続けたいですよね。

売れ続けるためには、「仕組み」をつくります。いわゆる、マーケティング活動です。顧客がいる場所に常にリーチする手段を確保し、適切な方法で告知をする。そして、一定の割合で申込みを得ていく。この一連の流れを設計し、構築します。この手順は、次の第６章で詳しく見ていきましょう。

コラム　大手通信講座のノウハウ

本書では、度々大手通信講座を引合いに出しますが、大手通信講座が大手たるゆえんは、売れているからにほかなりません。そこには、売れるためのノウハウがてんこ盛りです。

例えば、誰をターゲットにしているか、どんな場所で告知をしているか、どんな資料を送付しているか、どんな価格で売っているか、どんな決済手段を取っているか等々、参考になることが盛りだくさん。ぜひ資料請求してみると良いでしょう。

とくに参考になるのは、ファミレスや１００円ショップ、書店などで配布されている通信講座の冊子を入手することです。

例えば、ユーキャンの冊子は、様々な場所で入手することができます。入手したら、まず、どんな講座が掲載されているかチェックしてみましょう。新規講座には、「New」などのマークが入っています。これらの講座は、彼らがマーケティングした結果、「新たにこれらは売れる」と企画したことを表しています。そこにトレンドが表れていることでしょう。

ご自身が興味ある通信講座を見つけて、ぜひホームページを研究してみましょう。どんな内容が、どんな順番で書いてあるでしょうか。講座を受講するメリットは何で、「ウリ」や「特徴」はどんなふうに書かれているでしょうか。教材監修者や提供者については、どのように説明がされているでしょうか。体験者の声は、何人くらい載っていますか？

資料請求ができるものは、してみてください。資料請求の際には、どんな情報が求められますか。届いた資料には、ホームページと違う情報が載っているでしょうか。そして、資料請求をしたことにより、何か先方から資料送付以外のアプローチ（メールが届く、電話がかかってくるなど）はありましたか。

これら1つひとつが、通信講座を販売している会社のマーケティングノウハウです。例えば、資料請求をすると、多くの場合、メールDMが届きます。このメールの届くタイミングや内容にも注目してみましょう。最近は、メールの送信元の記載にも工夫を凝らしている企業が多いようです。会社名で送られるのではなく、担当者名で送られてくることが多いのです。これは、担当者名で送られたほうが親しみがわき、結果、開封率が上がるからだと思われます。

資料請求後、しばらく購入しなかったら、彼らからどんなアクションがあるでしょうか。追加のメールDMなどが送られてくるでしょうか。あなた自身が顧客側の立場になって体験した1つひとつが、貴重なプロモーションの知恵の源泉になります。売り込まれるのが苦手な方は、ちょっとドキドキするかもしれませんが、それも含めて経験です。ぜひ、トライしてみてください。

第6章　通信講座のとっておきの販促法

1　マーケティング動線設計をする

第6章では、通信講座の具体的な販売促進方法について見ていきましょう。まずは、マーケティングの動線設計をします。

図表43のシートを見てください。これを埋めていくのですが、取り掛かる前に、あるケースを見ていきましょう。

人はいきなり高額商品を買わない

あなたが最近買った高額商品を想い出してみてください。どんな風なプロセスで、買うに至りましたか。

ここでは、仮に、「佐藤さんが家を買った」というケースで見ていきましょう。

東京都の郊外に住む佐藤さん。奥様とお子さん2人の4人暮らしです。最寄駅から徒歩10分ほどの場所に、賃貸で12万円の家賃のマンションに住んでいました。最初は、特に家が欲しいとは思っていませんでした。

あるとき、立て看板で建売住宅の情報を目にします（A＝認知）。「へー、こんなところに新築の建売住宅ができたんだな」と佐藤さんは思いましたが、家を買いたいと感じたことはこれまでなかっ

【図表43　マーケティング動線設計】

	A（認知）	I（関心）	D（欲求）	M（決定）	A（行動）
手段					
KPI					

たので、そのまま通り過ぎました。

その週末、佐藤さんのマンションのポストに、例の新築住宅のチラシが入っていました。そこには、「月額10万円で買える」と書いてあります。

「これなら今の賃貸よりも安いじゃないか。しかも、賃貸と違って資産になるし。家を買うのもありなのかもしれないな」と関心を持ちました（I＝関心）。

その翌日、チラシを家族に見せると、娘が「ここならペットが飼えるかな」と言いました。

実は、これまでずっと犬を飼いたいと思っていたのですが、賃貸マンションだったので、相談することもなく、諦めていたのだそうです。

ペットを飼うことについては、息子も、奥様も大賛成となり、一気に盛り上がってきました。

そして、翌週の週末、その住宅のモデルルームに内見に行くことにしました（D＝欲求）。

内見当日、家族4人でモデルルームを訪れた佐藤さん一家は、その内装や設備の素晴らしさもあり、すっかり気に入ってしまいました。熱心な営業マンのすすめもあり、その場で購入を決意しました（M＝決定）。

そして1か月後、晴れてローンの審査も通り、佐藤さんは家の購入契約書にサインをしました（A＝行動）。

いかがでしたでしょうか。佐藤さん一家、すごい即決でしたね（笑）。

とはいえ、最初にこの家の存在を知ってから買うまでに、いくつかのプロセスを経ていそうです。

購入プロセスを示すＡＩＤＭＡ理論

佐藤さんのストーリー内に、（A＝認知）（I＝関心）（D＝欲求）（M＝決定）（A＝行動）というキーワードが埋め込まれていたことにお気づきでしょうか。

これは、佐藤さんの購入に至るまでの心理的プロセスを表したキーワードです。アルファベットは、それぞれを意味する英単語の頭文字をとったものです。例えば、認知のAは、Attention のAです。

このように、人が何かモノやサービスを購入するときには、いくつかのプロセスを経て、購入に至ります。これをＡＩＤＭＡ理論と言います。とくに、高額商品の場合には、それぞれのプロセスが日をまたいで行われるなど、わかりやすくプロセスが進行します。

私たちが今回販売したいと思っている通信講座も、高額商品の一種です。なので、このＡＩＤＭ

Ａ理論に沿って、プロセスを設計する必要があるのです。

佐藤さんのストーリーにおけるＡＩＤＭＡ

佐藤さんのストーリーを、住宅メーカー側から復習してみましょう。

（Ａ＝認知）（Ｉ＝関心）（Ｄ＝欲求）（Ｍ＝決定）（Ａ＝行動）は、それぞれどんな手段で行われていたでしょうか。

- （Ａ＝認知）……立て看板
- （Ｉ＝関心）……ポスティングチラシ
- （Ｄ＝欲求）……内見
- （Ｍ＝決定）……営業マン
- （Ａ＝行動）……契約

こんな感じですね。

大手通信講座の代表的なＡＩＤＭＡ

では、通信講座の代表的なＡＩＤＭＡは、どんなパターンでしょうか。ユーキャンやスピードラーニングをイメージすると、こんな感じが王道です。

- （Ａ＝認知）……テレビＣＭ、ラジオＣＭ、折込みチラシなど

・（I＝関心）……総合冊子、雑誌広告、ネット広告など
・（D＝欲求）……郵送の講座資料、無料の視聴教材など
・（M＝決定）……（D＝欲求）と同じ
・（A＝行動）……申込みはがき、電話、オンラインフォーム

小規模通信講座の代表的なＡＩＤＭＡ

では、私たち資本力が限られる事業者が、現実的に行えるＡＩＤＭＡプロセスはどのような感じでしょうか。

次のようなパターンが王道です。

（A＝認知）……パンフレット配布、SEO、ネット広告など
（I＝関心）……ランディングページなど
（D＝欲求）……無料の視聴教材、メール資料送付など
（M＝決定）……（D＝欲求）と同じ
（A＝行動）……オンライン決済

「ランディングページ」は、聞きなれない言葉かもしれません。これは、「チラシのように、１枚ペラのホームページ」のことを指します。宣伝したい講座のことだけが書いてあるページです。何か特定のものを販売したいときに、ランディングページは効果的に販促できる手法として、一般的

になっています。

それでは、1つひとつ具体的に見ていきましょう。

2　パンフレット配布、SEO、ネット広告

テレビCMや新聞広告が現実的ではない小規模事業者にとって、手の届くコストで認知を広げる手段には次のようなものがあります。

【図表44　パンフレットの活用】

相性の良い場所にパンフレットを設置してもらう

パンフレットを作成し、配布する

有効な手段の1つは、パンフレットを作成して、様々な場所で配布するという活動です。

例えば、ある方は、「手づくりペットフード」の通信講座を販売していますが、動物病院やペットショップ、動物関連の専門学校にパンフレットを設置し、興味のある方に配布してもらっています。

その機関経由で、販売が決まったときにわか

るようにしておき、紹介料をお支払いするというモデルだと、積極的に紹介してくれるかもしれませんね。

あるいは、逆に、先方のパンフレットを自社の受講者に紹介してあげるなど、相互協力の関係が築けると良いかもしれません。

SEOを行う

次にSEOです。SEOは、耳慣れない言葉かもしれませんが、要は「検索したときに上位に出てくるように工夫する」活動のことを指します。

例えば、前述の例でいえば、「ペットフード　手づくり」と検索したときに、上位に出てくれば、興味を引きますよね。「ああ、こんな講座があるならじっくり学んでみたい」という人が少なからず出てくるでしょう。

では、SEOは、どのようにすればよいのでしょうか。詳しくは、専門書や専門サイトに譲りますが、検索エンジンの代表であるグーグルを想定したSEOのコツを簡単にお伝えします。

①　ワードプレスというブログツールを使う

ワードプレスというツールをご存知でしょうか。無料のブログツールです。アメブロなどと違って、自分でレンタルサーバーにインストールして使うタイプなのですが、このブログツールは、検索に有利なことで知られています。

ワードプレスで記事を書いていくことで、検索に有利になります。

② 中立的なお役立ち記事を書く

検索で上位にくる記事には特徴があります。それは、「中立的なお役立ち記事」であることです。例えば、カフェの記事であれば、どこか特定の１つのカフェを称賛するのではなく、「新宿で電源が使えるカフェ一覧」のようなまとめ記事のほうが上位に来ます。また、特定商品の宣伝記事より、ハウツー記事のほうが上位に来ます。

これらの点は、一見講座の宣伝をするのには不利な条件に思えることでしょう。でも、これを逆手に取ってうまく宣伝している商品も多いのです。

例えば、自社講座だけでなく、他社講座も取り上げ、中立的に長所、短所を比較してみる。あるいは、講座の中で紹介しているノウハウを記事として取り上げ、その末尾に講座の紹介を入れるなどが考えられます。

③ 記事数を一定以上書く

ブログの記事数が一定数を超えると、SEO上有利になっていきます。目安としては、１００記事です。まずは１００記事書くことを目標にしてみましょう。

④ SEOの「お作法」を守る

タグのつけ方、１記事の文字量、目次のつけ方、文末の終り方、他記事の引用手法など、ワードプレスを活用したSEOには、確立された「お作法」があります。その「お作法」をある程度自動化してくれるツールも存在します。そうした「お作法」の情報やツールの力を借りると、グンと有利になるでしょう。

SEOは、最初は大変ですが、効果が一過性のものではなく、やればやるほど蓄積されていくので、投資対効果が非常に良い手法だと思います。取り組んでみる価値があるので、ぜひやってみてください。

ウェブ広告を使う

SEOと違い、費用は常に掛かり続けますが、即効性があるのがウェブ広告です。代表的なものにグーグルアドワーズやFacebook広告があります。私自身は、Facebook広告のほうが費用対効果が良いので、よく使っています。

ウェブ広告は、個人事業主でも、出したい当日に簡単に掲載することができます。それぞれのサイトに行くと、詳しいガイダンスがあるので、ガイダンスに沿って設定していくと良いでしょう。

3　ランディングページ

パンフレットやウェブで興味を持ってくれた人に、講座の詳しい紹介をするのが、ランディングページです。通称「LP（エルピー）」と呼んだりもします。

では、通信講座のランディングページは、どのようにつくれば良いのでしょうか。

参考になるのは､他の通信講座のランディングページはもちろんですが､サプリメントのランディングページがおすすめです。

なぜ、サプリメントのランディングページが参考になるかというと、要素が似ているからです。目に見えない効果や悩みの解消といった抽象的なものを表現しなければならない点、実績や体験者の声、効き目がある根拠などが購入検討の重要な要素になる点、最終的な動線として「試供品につなげる」のがゴールデンパターンである点などです。

ランディングページのおすすめ制作ツール

ランディングページは、プロに外注してつくってもらうのがベストですが、予算の関係など、自分で手づくりする必要があれば、「ペライチ」というツールを使うのがおすすめです。

「ペライチ」は、ランディングページ制作に特化したツールで、ブログ感覚で簡単にきれいなランディングページをつくることができます。

とくに、スマートフォンからのアクセスに完全対応しているので、スマートフォンから見ても、きれいに表示される点がポイントです。

ランディングページの構成要素別ポイント

ランディングページの構成要素やその掲載順には、ある程度確立された作法があります。

「ランディングページ　コツ」などで検索すると、具体的なノウハウをチェックすることができますので、ぜひ調べてみてください。

ここでは、簡単に、通信講座に特化したポイントを挙げておきます。

① 冒頭で実現できる夢、効能、権威づけ、実績を明示する

その通信講座がどんな夢を叶えるもので、受講がどんなことに役立つのかをまずは示します。その上で、講師の実績や講座としての実績を示します。

例えば、「コーヒーマイスター講座」だとしましょう。まずは、「コーヒーマイスター」になるとどんな夢が叶うのかを明示します。「自宅を改装して、こだわりの喫茶店が開業できる」など、具体的にライフスタイルがどんなふうに変化するのか示せると良いでしょう。

そして、効能を示します。「この講座さえ習得すれば、コーヒーの専門知識はもちろん、5通りのおいしいコーヒーの淹れ方が学べます。そのうちの1つは、ニューヨークでは既にブームの兆しがある〝ラックドスタイル〟という手法なのですが、日本ではまだここでしか学べません。さらに、自宅を改装するための秘訣、什器の最安値での揃え方、開業届の出し方まで含まれています。実際に開業するまでのオンラインサポートつきで安心です」といったような具合です。

さらに、権威づけと実績です。「ニューヨークで5年、パリで3年修行し、あの有名ホテル〝○○〟の3つ星カフェのマスターだった井上幸一郎が監修」「卒業生の97%が開業を果たした伝説のコーヒーマイスター講座がついに通信講座化」のような感じです。

②　セット一式のビジュアルを出す
講座に関連する教材、副教材、サービスなどの一式をビジュアルにして示しましょう。
③　講師プロフィール
講師のプロフィールを示します。
④　体験者の声
体験者の声を複数掲載します。リリース直後から掲載できるよう、事前にモニターを募り、体験いただいておけば良いでしょう。体験者の名前や顔は、できれば掲載できたほうが信頼感が高まります。
⑤　仕様を明記する
講座のボリューム（動画○分など）や受講形式、受講期間、価格などの仕様は、明記するようにします。これがないと、顧客は実態がつかめずお申込みに至りません。
⑥　動線のゴールを無料体験や資料請求に置く
講座の価格にもよりますが、一般に通信講座のランディングページのゴールは、申込みよりも無料体験や資料請求に置いたほうが良いでしょう。

それは、「ＡＩＤＭＡ」のプロセスを1つずつ進んでいきたいという消費者心理によります。（Ｉ＝関心）の状態から、いきなり（Ａ＝行動）につなげるのは、ハードルが高いからです。

一方で、無料体験や資料請求につなげることは、提供側にとっても利点があります。受講希望者のリストが手に入る点です。リストがあれば、これから先、その方に任意に連絡を取ることができます。すぐに申込みに至らなくても、キャンペーンを行ったり、別講座のご案内を送ったりすることで、いずれ購入につなげることができます。

4　無料の視聴教材、メール資料送付

では、実際に、「無料の視聴教材、メール資料送付」で送るものは、どのようなものが良いでしょうか。

無料の視聴教材としては、教材のイントロに当たる部分や、ウリの部分のダイジェストなどが送れると効果がありそうです。

メール資料送付では、ランディングページに入れられなかった追加情報などを盛り込みます。

これらの「資料本体」を送るに当たっては、クロージング率を高めるための秘訣が3つあります。

1つずつ見ていきましょう。

①　締切りを設ける

良くスポーツジムなどでは、「今だけ入会金無料」キャンペーンを行っていますよね。あれは、「締切り効果」を狙ったものです。

本来、スポーツジムは、年中いつ申し込んでもよいものです。しかし、「いつでも申し込める」サー

ビスほど、「何かきっかけがないと申し込まない」状態に陥りやすい傾向があります。そこで、期間限定のキャンペーンを行うことで、「今入るのがお得だから逃すまい」という心理を醸成しているのです。

通信講座にも全く同じことが言えます。「いつでも申し込める」は、「何かきっかけがないと申し込まない」を生みます。なので、何らかの方法で締切りを設けます。

代表的な手法は、スポーツジム同様の「今だけお得」キャンペーンを行うことです。ただし、この手法は、次第に慢性化するリスクがあります。そうなると効果も薄れます。

「あなたの目的から考えて今が最適だ」という訴求手法もあります。これは、試験対策講座などがわかりやすいですね。「４月の試験に合格するためには、今月始めるのがベスト」というような形です。

試験などがない場合でも、「年齢的に30代で始めるのがベスト」「秋から始めると春から新しいライフスタイルが始まる」というように、受講希望者のライフスタイルを意識して論理を組み立てられると良いでしょう。

あるいは、単に締切りの日付を入れるだけでも効果的です。

実は、ユーキャンは、昔はキャンペーンパターンだったのですが、最近はこの「単に締切りを入れる手法」に変更しています（当社調査）。

例えば、以前は筆ペン講座の資料請求をすると、「今月お申込みの方に限り、筆ペンをプレゼント」

というようなプレゼントキャンペーンをやっていましたが、最近は特に申込期限を守ることに特典があるのではなく、「なるべくいついつまでにお申込みしてください」と日付が指定されているだけです。要は、締切り効果の本質は、特典の有無ではなくて、単純に日付が入っているか否かだということなのでしょう。

ちなみに、ユーキャンの締切日は、資料が届いた日から2週間後にセットされているようです。

② お電話をする

近年、この手法を取るところが減ってきましたが、未だに高い効果があるのが、電話によるクロージングです。

【図表45 電話でのクロージング】

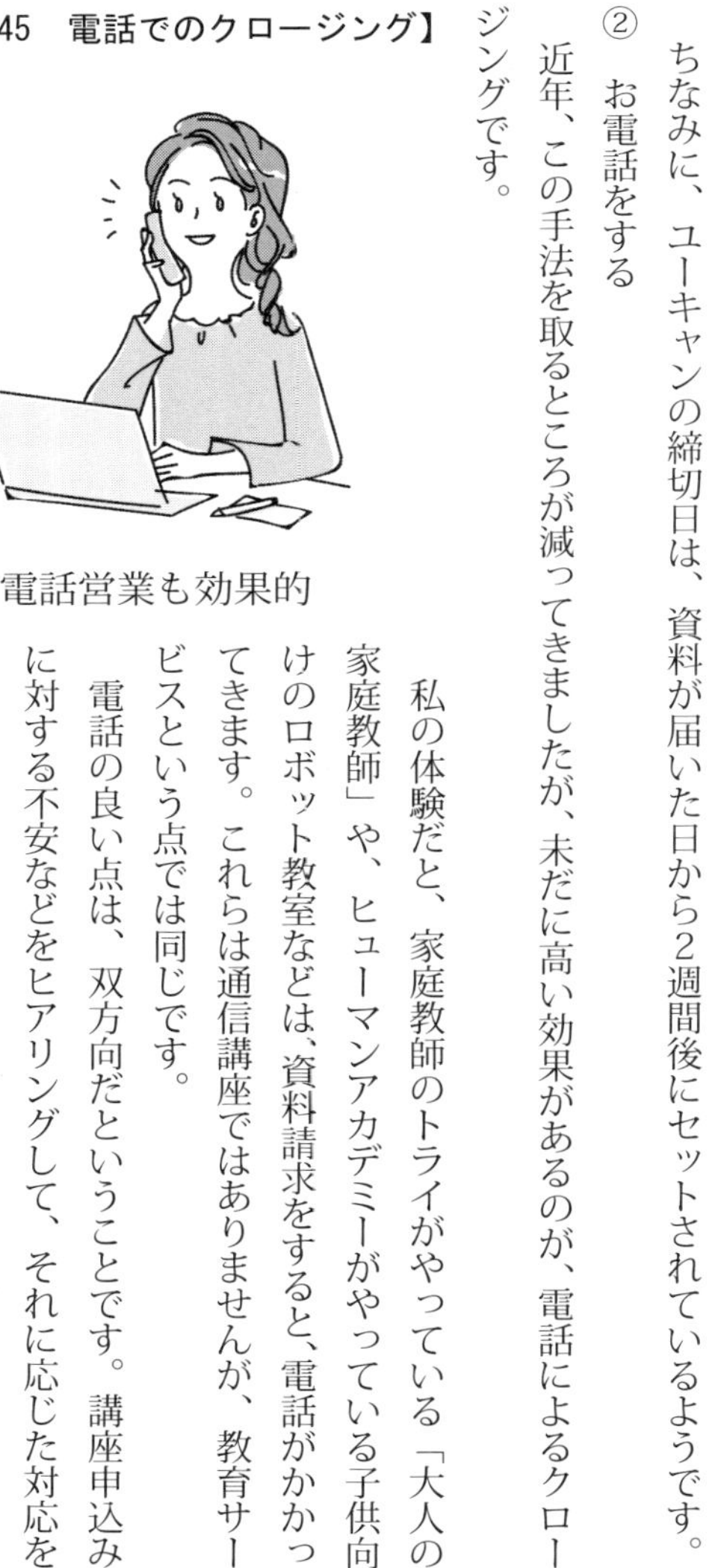

電話営業も効果的

私の体験だと、家庭教師のトライがやっている「大人の家庭教師」や、ヒューマンアカデミーがやっている子供向けのロボット教室などは、資料請求をすると、電話がかかってきます。これらは通信講座ではありませんが、教育サービスという点では同じです。

電話の良い点は、双方向だということです。講座申込みに対する不安などをヒアリングして、それに応じた対応をすることで、高い確率でお申込みにつなげることができます。

決してお安くはない講座を申し込んでいただくお客様であれば、直接コミュニケーションして安心していただきたいですよね。

無料視聴、資料請求をしているお客様は、興味は確実にお持ちなはずですから、電話をかけられて嫌な気持ちにもならないはずです。おすすめの方法です。

③　ステップメールを送る

ステップメールという言葉を聞かれたことがあるでしょうか。その名のとおり、ステップ（段階）を順に追って自動送信されるメールのことです。

通常のメルマガと違うのは、メルマガはいつ申し込もうが今日のメルマガが一斉に今日届くのに対して、ステップメールというのは、「その人が申し込んだ日を起点に、決まった日数置きに順を追ってメールが届く」のが特徴です。

このステップメールは、無料視聴や資料請求へのフォローツールとして非常に相性が良く、有効です。

例えば、無料視聴のＵＲＬや資料をお送りしてから３日後あたりに、「内容はご覧いただきましたか？」という主旨のメールをお送りすることで、リマインドの効果や、手厚いフォローによる信頼感アップといった効果が期待できます。

私の過去の経験上、ステップメールを行うことで、クロージング率を平均で20％～30％高めることができます。無料視聴や資料請求の日を起点にして、２か月ほどは「ホットな期間」としてステップメールをお送りするのが良いでしょう。ご本人に語りかけるような内容が良いと思います。

5　オンライン決済

ここでは、通信講座のお申込みを受け付ける方法について見ていきましょう。

通信講座の販売は、いわば一種の「通信販売」です。直接お会いすることがないので、お申込書やお金のやり取りを直接行うことができません。

そのため、何らかのオンライン決済が必要になります。最もベーシックなやり方は、メールフォームなどで申込みを受け付け、銀行振込みで入金してもらう方式です。ただし、このやり方は、入金管理が大変ですよね。

そこで活用したいのが、オンライン決済ツールです。今は、初期費用無料で使えるものが多く出ています。代表的なものに「BASE」などがあります。

オンライン決済ツールを使うと、様々な決済手段を提供できます。例えば、クレジットカード決済、ペイパル決済、コンビニ決済等々。利便性が増す分、申込みも促進されます。

入金管理も代行してくれるので、自社で入金確認は不要です。

デメリットとしては、決済手数料がかかることです。一般に、決済手数料は数％です。また、一度決済会社が決済を代行し、後からこちらに払い込まれるので、入金タイミングが少し先になることもデメリットです。
これらのことを勘案し、自身の講座に合った決済方法を選択していきましょう。

6 KPIを決める

話を図表43の「コンセプト設計⑦」のシートに戻します。ワークシートにある「KPI」について見ていきましょう。

KPIとは、「Key Performance Indicator」の略で、簡単に言えば、中間指標のことです。通信講座販売を一過性のものに終わらせないためには、そして偶然に任せないためには、KPIを定めることが重要です。

（A＝認知）（I＝関心）（D＝欲求）（M＝決定）（A＝行動）のそれぞれのプロセスごとに、KPIを入れます。月間の目標値を入れるとわかりやすいでしょう。

最初に、（A＝認知）のKPIを入れます。ここには、月間の申込数目標が入ります。例えば、月10件を目標としてみましょう。

次に、（D＝欲求）（M＝決定）の目標値です。先の例でいえば、「無料の視聴教材」の請求数になりますね。10件のお申込みを得るためには、いったい何件の「無料の視聴教材」請求があると良いでしょうか。

私の過去の経験上は、だいたい10％～20％くらいが「無料の視聴教材」からの成約率だと思います。つまり、10件のお申込みを得るためには、その5倍～10倍の「無料の視聴教材」請求が必要ということです。50件～100件となります。ここでは、「50件」としておきましょう。

次に（I＝関心）の目標値です。先の例でいえば、「ランディングページ」の月間UU数（ユニークユーザー数）となります。UUというのは、来訪した人数のことです。

50件の「無料の視聴教材」請求を得るためには、いったい何件の「ランディングページ」の月間UU数があるとよいでしょうか。

私の過去の経験上は、だいたい5％～10％くらいが「無料の視聴教材」からの成約率だと思います。つまり、50件の「無料の視聴教材」請求を得るためには、その10倍～20倍の「ランディングページ」の月間UU数が必要ですね。500件～1000件となります。ここでは、「500件」としておきましょう。

次に、（A＝行動）の目標値です。ここでは先の例の中から、ネット広告、とりわけFacebook広告にフォーカスを当てて見てみましょう。

Facebook広告の場合、リーチ数などが指標となります。月間500人がランディングページに来てもらうためには、Facebook広告で何人くらいにリーチすれば良いでしょう。

私の過去の経験上は、だいたい0・5％～1％が目標値。つまり、500UUのためには、5万から10万リーチを確保する必要があります。ここでは、「10万リーチ」としておきましょう。

そして、1リーチ当たりの広告費は、だいたい1円とみなしています。

これですべてのプロセスのKPIを設定してきました。結論として、「広告費を10万円かければ、10件の申込みが入る」ことを目標としてセットしたことになります。1件申込み当たりの広告単価が1万円ということになります。

仮に、通信講座の受講料が5万円以上の講座であれば、十分に採算ベースに乗る水準だと思います。

ＰＤＣＡを回す

このようにKPIをセットしたら、その後は実績値を計測してKPIと比較します。

例えば、想定していたより数値が悪い箇所があれば、そのプロセスに何らかの課題があると言えます。プロセスを改善するか、指標そのものを見直します。そうしてどんどん改善していきます。

ＡＢテストを行う

ＡＢテストという言葉を聞いたことがあるでしょうか。これは、販売促進の活動を行う際に、2つの案を同条件で並列で試してみることを指します。

例えば、広告のデザインが2種類あったとします。AデザインとBデザイン、どちらが効果的かわからない。こんな場合に、あてずっぽうや主観で選ぶのではなく、両方試すのです。

【図表46　ＡＢテストで精度を上げる】

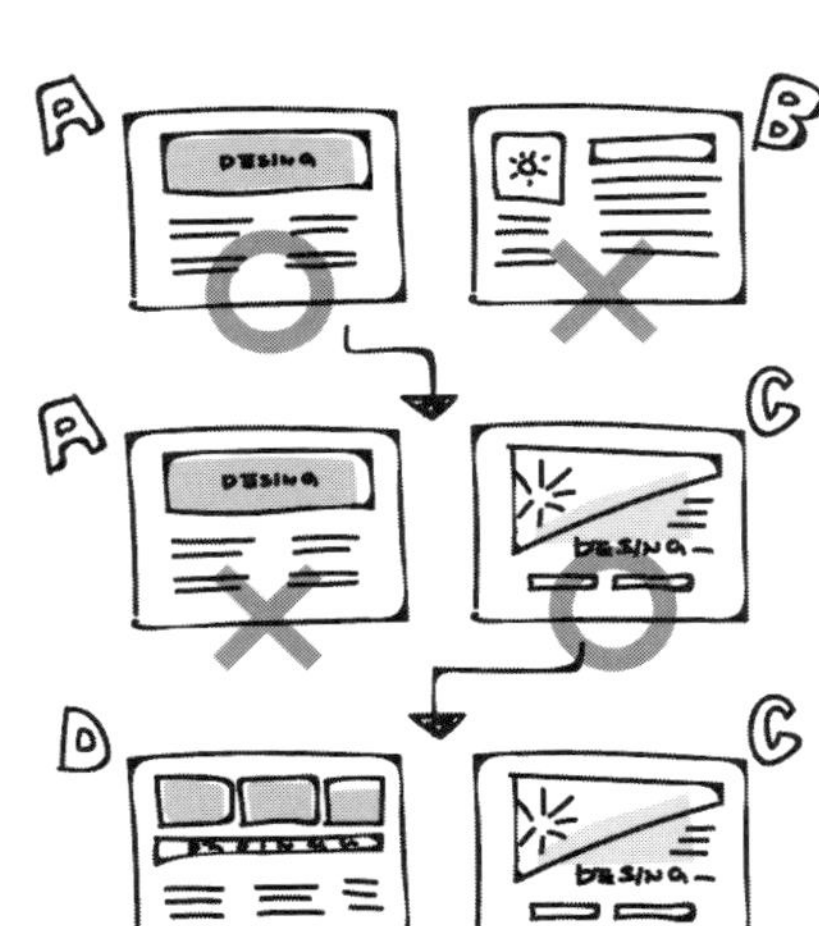

ＡＢテストを繰り返して
精度を上げる

　両方試せば、両方の結果が得られ、比較検討できます。そして、良いほうを残せばよいのです。

　悪いほうは止め、そしてまた今度はＣ案を試します。こうしてどんどん良いほうを残していくことで、最終的にどんどん効果が高まっていくというのが、ＡＢテストの考え方です。

　小規模事業者においては、時間的、予算的余裕がないことから、ＡＢテストをしていないケースが多いと感じています。しかし、そんな資源に限りがある小規模事業者だからこそ、こまめにＡＢテストをして、どんどん販促効果を高めていくべきではないかというのが私の持論です。

7　ポータルサイトを活用する

　最後に、ポータルサイトの活用を提案します。自社販売と並行して、通信講座専門のポータルサイトを活用し、ビジネスを拡大するという発想です。

ポータルサイトには、例えば前述の「Udemy」のほか、「ShareWis」「クレ・ド・キャリエール」といったサイトがあります。おそらく今後も増えていくでしょう。

これは、物販の事業者が、自社通販だけでなく、Amazonや楽天にお店を持つようなものです。当然、手数料は取られますが、自社では得られない顧客層にアプローチできます。とくに「Udemy」は、世界中に会員を持つポータルなので、英語対応などをすることで可能性が広がります。

コラム　支払方法で売上が変わる

大手通信講座が採用している支払方法に「分割払い」があります。

例えば、ユーキャンでは、総額５５，７２０円のアロマテラピー検定講座を、月々３，９８０円の14回分割払いということで受け付けていたりします。注目すべきは、一括払いよりも分割払いのほうが目立つ表示がされているということです。分割払いのニーズがある証拠と言えるのではないでしょうか。

さらに、注目すべきは、この講座の受講期間は３か月であるということ。つまり、講座が終わった後も、11か月間支払いだけが続くのです。

一般的に、分割払いは、そのサービス期間内で分割するものだと思います。それが、この場合は逆転してしまっているのです。なぜでしょうか。

ここからは私の仮説ですが、おそらく、「月額の支払金額を5，000円以下にする」という方針なのだと思います。事実、他の講座についても、ほとんどこの方針が当てはまっています。

なぜ、そうしているかというと、主婦層がターゲットだからだと思います。月々の家計の中で、旦那さんの承認を得ずに始められる支払方法を提供する、これが狙いなのではないでしょうか。

英語の通信講座の雄「スピードラーニング」もまた、分割払いメインの手法を取り入れています。スピードラーニングの平均受講単価はいくらかご存知ですか。弊社調べでは、何と38万円です。意外と高いですよね。

でも、そう感じさせないのには、秘密があります。そう、月額制なのです。スピードラーニングは、月額1万円で、毎月新しい教材をお届けというのが標準的なパターンです。そして、退会しない限り、ずっと続いていきます。月々の金額はリーズナブルなので、知らず知らずのうちにどんどん支払総額が増えているという仕組みです。

スピードラーニングの年商は、弊社調べでは約150億円。おそらく、最初から「38万円」などとなっていたら、ここまでヒットはしていないでしょう。

分割払いというのは、非常に有効な支払手段なのです。

しかし、小規模事業者にとって、分割払いの対応をするのは難しい印象がありますよね。でも、大丈夫。最近は、分割払いを支援してくれるようなオンライン決済ツールもあるのです。

賢く調べて、賢くビジネスモデルをつくりましょう。

第7章　通信講座作成&仕掛け方Q&A

最後に、私が通信講座ビジネスの支援を行っている中で、よく相談を受ける悩みや質問とその回答を紹介します。ご参考になれば幸いです。

1　盗作が心配です

通信講座は、受講者と顔を合わせることがありません。そのため、盗作の心配をされる方がいらっしゃいます。自分が頑張って培ってきたオリジナルノウハウです。不安になるお気持ちはとても良くわかります。

これに対する私からの回答は、次のとおりです。

利用規約＋パトロールで守る

通信講座の権利を守る一番の盾は、利用規約です。利用規約に、二次利用や複製、転売の禁止を明記しておきます。そして、お申込時に、利用規約を遵守することを必須とします。遵守しない場合の損害賠償規定なども盛り込んでおくと良いでしょう。

仮に、盗作するような下心のある人がいたとしても、この利用規約違反を恐れて、去っていくはずです。なぜなら、盗作は必ずばれるからです。

このご時世、類似の講座をやっていれば、ネット上で噂が必ず回ってきます。検索でも引っかかっ

【図表47　盗作がないかパトロール】

定期的にパトロールをする

てきます。よほど鈍感な人でない限り、そんなリスクは冒さないでしょう。

加えて、申込時に、「不正がないか、定期的にパトロールしている」旨、明示します。

これは、セコムのシールと同じ効果を発揮します。「あの家はガードが堅そうだからやめておこう」となるのです。

さらに、実際に数か月に1回程度、パトロール活動を行います。パトロール活動とは、修了生のSNSやブログなどを見回ることです。とくに「怪しい人」を中心に見回ります。

「怪しい人」というのは、まじめに受講しなかった人を指します。

仮に、盗作が最初から目的ならば、やましい気持ちから、提供者との接触を避けたがりますし、まじめに受講する気持ちがないので、添削課題などもやらずじまいになることでしょう。そういう人のSNSやブログを見て、類似の講座を提供し始めていたら、「クロ」の可能性があります。

発見したら、その人に連絡を取り、内容を確認します。その上で、即やめてもらうように警告します。悪質な場合は、法的手段に訴えます。

結局盗作しても売れない

時には、まじめな受講者の中に、悪気なく類似講座を始めてしまうような方もいます。こういう人にはどう対処すればよいでしょうか。

初動は前記と同じです。その人に連絡を取り、内容を確認します。その上で、即やめてもらうように警告します。それでもやめない場合、同じく法的手段に訴えてもよいのですが、こんな風にも考えられます。「そんな人は相手にするまでもない」と。

あなたの講座を卒業して、すぐ類似講座を始めてしまうような人は、本気でその道のプロになろうとしている人ではありません。いわば素人。

そんな人の講座は売れるわけがないのです。免許取りたての初心者マークの人に、自動車運転を習いたい人がいるでしょうか。それと同じことです。

そういう方は、受講者とのやりとりをする中で、必ずぼろが出てきて、次第に続かなくなり、自滅の道を歩むはずです。そんな方に無為な気や時間を割くよりも、目の前の受講者を全力で支援することに割いたほうがよほど社会と自分のためになるかもしれません。

ちなみに、講座名称やロゴマークなどについて、権利を保護したい場合は、商標登録をするのも手です。費用はかかりますが、同名称、同マークでの講座の出現を防止することができます。希望されるときは、商標登録に詳しい専門家の方に相談してみましょう。

2 ノウハウを出し過ぎないほうがいいですか？

前項の1と類似の相談に、「ノウハウを出し過ぎないほうがいいですか？」というものがあります。

この相談の背景には、あまりノウハウを出し過ぎると、模倣されてしまうかもしれないということがあります。

しかし、これは、そもそも教育サービスの本筋と相反します。「ノウハウを教えたくないなら、教育サービスをしなければいい」のです。

「予約が取れないマッサージ店」と自ら言っているあるお店があります。何でも、数か月先まで予約で埋まっているとのこと。目下、自社の店舗を多店舗化すべく努力もしていると書いてあります。

ホームページを見ると、その一方で、マッサージ師養成スクールも開催しているようです。「予約が取れないお店」のノウハウを丸ごと教え、卒業後はそのノウハウで自由に独立できるとのこと。そんなノウハウが学べるならぜひ行ってみたいと思った一方で、ふとこんなことを疑問に思いました。

「そのスクールでマッサージ師を養成している余力があるのであれば、その分を自社のマッサージ店の採用と社員育成に回したほうが合理的なのでは？」と…。

つまり、そこはかとなく矛盾していて怪しいのです。真意はわかりませんが、結局、私はそのマッサージスクールに通う気持ちがなくなりました。

「ノウハウを出すのをはばかるスクール」は、この全く逆パターンの怪しさを感じてしまいます。すなわち、「本業が儲かってないからスクール稼業をやろうとしているのでは？」という怪しさです。だって、事業に本気ならば、ノウハウはむしろ、どんどん伝えたくなるはずだからです。

ということで、ノウハウは、どんどん出し過ぎていきましょう。それがむずかしければ、通信講座ビジネスはそもそも控えたほうがいいでしょう。

3 講師経験はないのですが…

その道のプロでも、講師として人に教えた経験は少ないという方がいます。例えば、起業で成功したので、後輩にも起業の秘訣を教えたい。ついては、起業講座をつくりたいといった方です。

まず初めに、そういう方には、私はとても可能性を感じます。社会人向けの講師業というのは、そもそも何かを成功した人や、その道の一流のプロが、そのノウハウを後輩に伝えていく職業というのが基本だと思うからです。

その逆の方も一杯います。「教えたい」「講師になりたい」が先行して、大した経験や実績や腕もないのに、いきなり講師を始める人です。

例えば、起業講座を起業したてで始めるような方、結構います。そんな方には、「まずあなたが成功してから言って」と言いたくなりますよね。

閑話休題。元々のテーマに戻りましょう。

その道のプロでも、講師として人に教えた経験は少ないという方の場合、通信講座をいきなりつくり始めるのは得策でしょうか。

私は、おすすめしません。まずは、セミナーや通学講座をつくって、リアルな講座から始めるべきだと思います。なぜならば、スキルを持っているということと、人に教えるということは別物だからです。

人に教えるためには、「自分が当たり前と思っていることが人にとっては当たり前ではない」ということに気づき、その範囲を特定できる必要があります。

例えば、「起業当初、毎日１００件飛込営業した。でも、そんなことはやって当たり前だし、できて当然だから、教えるまでもないな。カリキュラムには入れないでおこう」といったことが往々にしてあります。

つまり、「起業を学びたい人」が、「何を学びたいのか」を知るために、最初は直接対話できる機会からつくっていくべきなのです。そうして「教える」ノウハウをだんだん身につけていき、満を持して通信講座化していけると良いでしょう。

講師経験がない方は、まず、通学講座から、始めていきましょう。

4　たくさん申込みがあり過ぎて捌け(さば)なくなったらどうしよう

通信講座を新規に始めたいと思っている方の中には、「たくさん申込みがあり過ぎて捌けなくなったらどうしよう」と心配される方もいらっしゃいます。確かに、キャパが決まっている中で、受講者が急速に増えてしまうと、質問対応や添削に追われ、生活がすさんでしまうかもという恐れがありますよね。そんな方々には、次のようなアドバイスをお送りしています。

定員を設ける

とくに最初のうちは、果して自分が何名まで受講者を担当できるのかわからないということもあると思います。また、運営が不慣れなことで、余計な労力がかかってしまう部分もあるでしょう。

そこで、軌道に乗るまでの間、定員を少なくして運営します。

例えば、最初の3か月間は、月10名まで、その後は20名まで、というように。

そのうちに、通信講座を自分1人で何名まで見られるのか、感覚がつかめてくるはずです。

この「定員を設ける」という行為、実は販促効果も生み出します。第6章の4で紹介した「締切り効果」が生まれるからです。

チームで対応する分業体制をつくる

通信講座の1つのメリットが、「チーム分業ができる」点にあります。

例えば、質問対応や課題添削などは、それらを担当してもらえるアルバイトスタッフや外部委託先を見つけ、分業していけるかもしれません。

このように、作業を細切れにして、本当に自分でしかできないところは自分が担当し、人に任せられるところは任せていく、これにより通信講座で受けられるキャパは限りなく大きくなっていきます。

例えば、有名な「進研ゼミ」の赤ペン先生は、２０１８年現在、約1万１０００人もいるそうです（ベネッセホールディングス社ホームページより）。つまり、添削を1万１０００人で分担しているのです。

このように、あなたの講座でも、ぜひ、分業できるところは積極的に分業していきましょう。

5　価格設定に迷います

価格設定については、第3章の10でも見てきましたが、様々な理論で検討したとしても、価格設定には不安がつきまとうものです。

そこで、時折目にするのが、「顧客に妥当な価格を聞いてみる」という手法を取り入れている方です。

もっとも、この手法、あてになりません。顧客は、価格設定に関して、正しい感覚を持ち合わせていないからです。

例えば、ヨガ講座があったとしましょう。同じ講師が、同じ内容で同じ時間教えていたとしても、片や市が主催の市民講座だと2，０００円、スポーツジムの専門クラスだと1万円というケースが往々にしてあります。

その背景には、市の補助や利潤の必要性の有無などが絡んでいるわけですが、受講者側からはそんな情報は見えず、「そういうものだ」という感覚しか得ていません。

このことだけでも、普段、市民講座に行き慣れている人とスポーツジムに行き慣れている人と、聞く人によってヨガ講座の妥当な値段感は5倍も異なる感覚があるのです。

「実際に買いたいと思っている人とそうでない人の混合」「あなたのファンとそうでない人の混合」でアンケートをしたら、差は一層開きます。それだけのバラツキの中で、平均をとっても、何も意味はないのです。

そこで、私のおすすめは、ずばりこれです。「まずは当てずっぽうで1回出してみる」。

出してみて、売ってみて、売れるようならそのままでもいいし、「こんな価格ではやってられない」と思えば、値上げしても良いでしょう。売れなければ値下げします。

どちらかと言えば、値上げのほうがしやすいです。既存の受講者に対する配慮が要らないからです。もっとも、価格を上げ下げするときには、単純な上げ下げはなるべく避け、「講座リニューアルに伴う価格改定」とします。講座の充実を図ったのでその分値上げというのであれば、顧客も納得してくれるでしょう。

このように、講座の価格設定は、一種の「度胸」が試されるようなところがあります。

6　こんな品質で市販に耐え得るか不安です

いざ動画をつくった、教材をつくったという方々から、「こんな品質で市販に耐え得るか不安です」という相談や不安の声をいただくことがあります。こんなとき、私がチェックするのは、「内容がわかりやすいかどうか」です。これが教材の本質的価値だからです。

内容がすっと頭に入ってくる、役に立つ、そんな教材であれば、多少体裁が悪くても、画質が悪くても、それほど気にならないものです。

「老舗のラーメン屋」みたいな感じでしょうか。味さえよければ、門構えは鄙（ひな）びていても、顧客は行列をつくるのです。

逆に、体裁ばかり整っていて、中身がない講座よりよっぽどいいですよね。

そして、中身の質は、あなたが講師である限り、ＩＴ音痴であっても担保できるのです。

中身に自信があるあなたは、まずは体裁は気にせず、販売してみてはいかがでしょうか。

巻末付録　ワークシート記入例と解説

博士（以下、博）「では、ここからは、通信講座をつくりたいAさんの記入例を見ていこう」

マリコ（以下、マ）「通信講座づくり、絶賛勉強中のマリコです。よろしくお願いします！」

博「まずは、図表48のコンセプト設計①からじゃ」

マ「Aさんは、ウェブライターになれる講座をつくろうとされてるんですね。いいなあ、私も習いたい！」

博「ウェブライターは、今、大いにニーズがあるし、人気の職業じゃから、いい目の付け所と言えるじゃろう」

マ「在宅で仕事ができるっていうのもいいですよね」

博「そうじゃな。そして、本人としては、この講座を通じて後進を育て、ちゃっかり自身の後任を見つけようという魂胆もあるようじゃな。なかなか商魂たくましくてよろしい」

マ「Aさん自身のメリットも大きそうですね。この目標値というのは、妥当なのかしら」

博「月にならせば10件ということじゃな。初めての通信講座ビジネスとしては、最初はこのくらいの目標がよいじゃろう」

マ「これで年収６００万円アップ！　いいな～」

博「販促費などの原価もかかることだから、すべてが自分に入ってくるわけではないけどな」

【図表 48　コンセプト設計①】

今回制作する講座を通じて実現したいこと：

・ウェブライターになれる通信講座が作りたい
・在宅で仕事をせざるを得ない環境の方への仕事の提供
・自分のウェブライティング業務のアウトソーシング先確保
・収益源の多様化

販売数量・金額目標：5万円（税抜）／名　×　120件（年）＝600万円

販売開始時期目標：2019年8月～

博「次に、図表49のコンセプト設計②じゃ」

マ「対象者を女性に絞ってるけど、男性にもニーズはありそう」

博「確かに、男性にもニーズはあるじゃろう。じゃが、ターゲットは絞り込んだほうが販促上も教材制作上も有利なのじゃ」

マ「そっか。題材として女性に特化した化粧品などの話題もふりやすいですもんね。受講者フォーラムとかも、女性だけのほうが運営しやすそうだし」

博「そうじゃな」

マ「対象者が2層あるのはいいのかな」

博「OL層と主婦層じゃな。2層あること自体は構わない。じゃが、例えば、ターゲットごとに、広告やランディングページを分けてつくる必要があるかもしれんな」

マ「確かにOLがライターとして独立するっていうのと、主婦が在宅ワークでライターのバイトを始めるっていうのとでは、ニュアンスが違いますもんね」

博「じゃな」

マ「講座のゴールが、ライターデビューになってる！」

博「これはハードルを上げてきたな。ライターとしての知識を身につけることと、実際にライターとしてデビューするのとでは、ハードルが全然違う。下手な確約はクレームのもとかもしれんぞ」

マ「でも、デビューまで講座の中で支援してくれるなら人気出そう！」

【図表 49　コンセプト設計②】

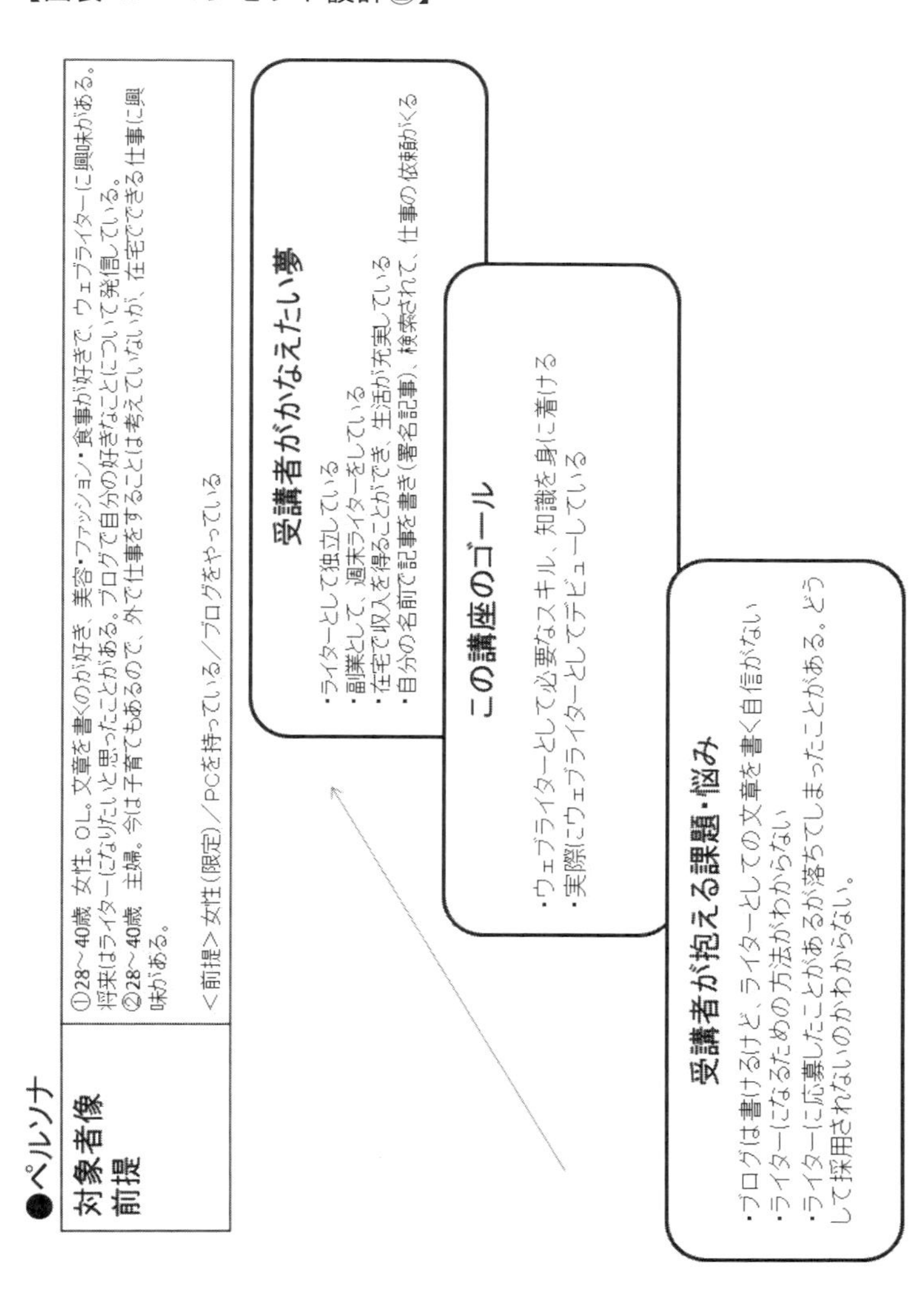

博「次に、図表50のコンセプト設計③じゃ」
マ「すごい華々しい実績！」
博「そうじゃな。本も出しているし、プロのライターとしての実績も申し分ない。アピール材料になるじゃろう」
マ「学歴って必ず書いたほうがいいの？」
博「いや、そんなことはない。今回の通信講座のプロモーションに当たって使えそうな、自分の強みや実績をここでは整理するのじゃ」
マ「私の場合、こんなにキラキラした実績はないな…」
博「強みや実績は、切り口によっていろいろ工夫できる。例えば、講師としてのキャリアが短いとしよう。その場合は、年数や人数の実績は打ち出せない。一方で、「受講者満足度」「参加者がその後行動に移した確率」といった数値であれば、絶対値ではなく割合で出すことができるので、打ち出しやすい」
マ「なるほど、博士、老獪～！」
博「それ全然褒めてないよね…」
マ「てへ、言葉を間違えました。でも、見せ方って工夫できるんですね」
博「そうじゃな。よく映画でも毎回〝全米No1〟と言ってるじゃろ。あれと同じじゃな」
マ「なるほど！　あれも、切り口を工夫して〝No1〟のところを探してアピールしてるんですね」

【図表 50　コンセプト設計③】

テーマに対する自分の強み・経験・実績	・○○大学　文学部卒業 ・自身としての著書「ウェブライター入門」（○○社） ・書籍、ムック、雑誌など紙媒体と著名ウェブ媒体での執筆経験100誌以上 ・ライター歴20年以上 ・カルチャースクール「○○○」ライター講座講師 **紙媒体** ・美容雑誌「○○」○○社 ・「○○○○○」○○社 *ウェブメディア* ・○○○○・オンライン ・○○○ ・○○○○○

博「次に、図表51のコンセプト設計④じゃ」

マ「デビュー保証付き!?　私、受講します！」

博「はっはっは。デビュー保証付きは、確かに食いつきやすそうなキャッチじゃな」

マ「デビューできるんだったら、すぐ受講料の元が取れそうですもんね」

博「そうじゃな。こうしたキャリア支援系の講座は、費用対効果がお金でイメージしやすいから、プロモーションしやすい傾向がある」

マ「5大特徴って、6大特徴とかじゃだめなのかしら」

博「不思議なもので、特徴の数は奇数が座りが良い。4つや6つより、5つや7つのほうが良いじゃろう。あまりに少なくても多くてもウリが弱くなるから、まあ、5か7がいいじゃろうな」

マ「へえ面白い！　数にも意味があるんですね」

博「そうじゃな。われわれは数の見え方に影響を受けている。例えば、価格の見せ方もそうじゃ」

マ「価格の見せ方？」

博「ディスカウントストアなどでは、よく〝1，980円〟など〝980〟が好まれる」

マ「確かに、〝980〟は何となく安く感じますね」

博「そうじゃろ。海外では、〝999〟が好まれる地域もあるな」

マ「旅行に行ったときによく見かけます！　面白いですね！」

博「そうじゃな。そういう目で、これからいろいろなチラシを見てみると、発見があるぞ」

【図表 51　コンセプト設計④】

日本初！内容のユニークさ、役立ち度、わかりやすい（充実の）教材、付加サービス、付属品セット、身につくスキルの特別性、など

講座名案	ウェブライター入門講座【デビュー保証付き】

この講座の 5大特徴	1.ウェブライターとして必要な基礎知識・スキルを完全網羅 2.ウェブ媒体に特化した原稿の書き方、タイトルの付け方などを伝授 3.第一線のプロによる実践的な添削指導 4.商品画像の撮影の仕方も伝授 5.試験合格者には、提携会社を通じてライターデビューを支援。デビュー保証付き

メソッド名と 内容	井上式　5ステップメソッド

博「次に、図表52のコンセプト設計⑤じゃ」

マ「他社教材と比較して、この講座は専門性が高く、価格はリーズナブルってことね」

博「そうじゃな」

マ「この比較表は、例えば、ランディングページなどでも掲載したほうがいいのかしら」

博「今回のAさんの講座の場合、デビュー保証付きなど、他の部分で受講への訴求が十分できそうじゃから、比較表の掲載は不要じゃろう。かえって、他にも選択肢があると示してしまう分、逆効果かもしれんな。あくまで内部資料としてとどめておくのが良いじゃろう」

マ「じゃあ、この比較表を外向けに使うってケースはないの？」

博「メジャーな分野の講座では、ランディングページなどで比較表を出したほうが効果的なこともあるぞ」

マ「例えば、英語講座とか？」

博「そうじゃな。英語講座は、競合ひしめく分野だから、他の講座と何が違うのか示すことが重要になるじゃろう。比較表で示すのが効果的だと判断できそうなら、するのがよさそうじゃ」

マ「時と場合により判断ってことですね」

博「そうじゃな。それより、この競合分析をつくることは、自分自身のためになるぞ」

マ「自分自身のため？」

博「そうじゃ。自分の講座と他社の講座の違いを明確に意識し、説明できることになるからな」

【図表 52　コンセプト設計⑤】

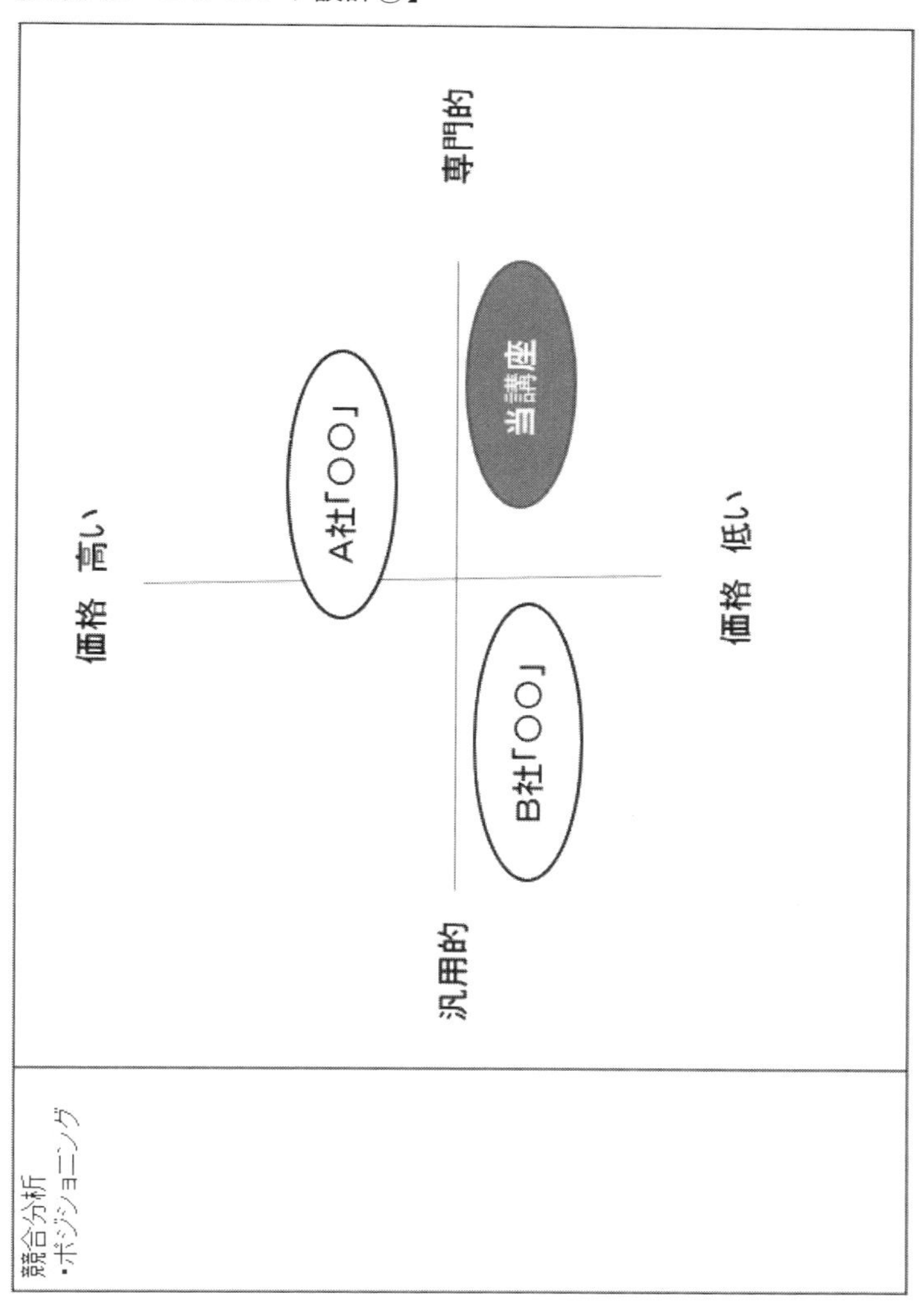

博「次に、図表53のコンセプト設計⑥じゃ」
マ「入学審査がある！」
博「デビュー保証をする上で、おそらく最低限のスキルは、事前にチェックして、足きり条件を設けておこうということじゃな」
マ「自信ないなあ」
博「受講の前提条件を厳しくしてしまうと、こんな風に自ら自分を低く評価して、受講を諦めてしまう顧客が出る可能性がある」
マ「でもまあ、ダメもとで試してみよう」
博「受けるんかい！……とまあ、こんな感じで明確に前提が示されているケースはまだよいが、最も避けられるパターンは、抽象的な基準がある場合じゃ」
マ「例えば、どんな？」
博「例えば、英語講座で、前提条件が「英語スキル中級以上の方」などと書いてあったらどうじゃろう。中級とはどの程度を指すのかわからないから、受けにくいじゃろ？」
マ「本当ですね。実際に中級レベルの人でも、謙遜する人も多そう」
博「そうじゃな。だから、前提条件を定めるときは、基準は明確にすべきなのじゃ」
マ「なるほど、基準は明確に、ね」
博「そう、基準は明確にして、講座の告知ページに掲載することが肝心じゃ」

【図表53　コンセプト設計⑥】

目的：・ウェブライターとして独立する。副業として、週末ライターをしている。
・在宅で収入を得ることができ、生活が充実している

カリキュラムのゴール：・ウェブライターとしてデビューする。
⇒ウェブライターとしての考え方、知識、スキルが一通り身に着いている
⇒実際にウェブライターの仕事を実践経験する

ゴール達成の評価方法：　修了試験

受講の前提条件：女性（限定）／PCを持っていること／ブログをやっていること／簡単な入学審査あり（アンケートとブログチェック）

受講料（オプションサービス含む）：5万円（税抜）／名　（スクーリング　3万円／回）

標準受講時間と受講期間：　標準受講時間　40時間　受講期間　3か月

教材セット：
■テキスト　■動画（オンライン）　■定期メール　■副教材（ライティングチェックシート）

教育サービス：
■スクーリング（オプション）　■メンタリング　■質問対応　■フォーラム　■添削　■その他（デビュー支援）

博「いよいよラスト、図表54のコンセプト設計⑦じゃ」
マ「月5万円も広告費かけるなんてすごい！」
博「でも、月10件売れるわけじゃから、50万円の収入が見込める。広告費の占める割合は10％じゃ。これは、妥当な数値と言えるじゃろう。」
マ「代替広告費の目安ってどれくらいなのかしら」
博「一般に通信講座の広告費の目安は、売上の20％程度と言われておる」
マ「じゃあ、5万円の講座なら、1件売れるために1万円くらいまではかけて大丈夫ってことね」
博「そうなるな」
マ「あとの数値設定は妥当なのかしら」
博「広告からランディングページへの誘導が1クリック100円というのは、少し低いかもしれん。もう少し多めに見積もってもよさそうじゃな。あとは妥当なところと言えるじゃろう」
マ「ランディングページから、資料請求を経ず、ダイレクトに申込みを受け付けたらだめかしら」
博「それもありじゃな。ただし、それだと興味を持ったけど買わずに去っていく人のリストが取れないから、機会損失の可能性もある。しばらくABテストをして、資料請求を間に入れるのと、のダイレクトに申込みを受け付けるのと、どちらが効果的か試してみるのがいいじゃろう」
マ「なるほど。ありがとうパパ！」
博「実は親子だったんかい！」

【図表54　コンセプト設計⑦】

	A（認知）	I（関心）	D（欲求）	M（決定）	A（行動）
手段	Facebook広告 グーグル広告	LP	メール資料送付	ステップメール	オンライン決済で購入
KPI	5万円 （5万リーチ） 100円1クリック	500UU/月	月50件		月10件

1%　10%　20%

巻末付録　ワークシートプレゼント

本書で使用しているコンセプト設計のワークシートのデータ版（パワーポイント）を、下記のＵＲＬで配付しています。

よろしければご利用ください。

URL：https://inoue516.com/ws2019/

あとがき　ワンコイン動画講座からつくってみよう

最後までお読みいただき、ありがとうございました。これから、通信講座が主流になる時代が、遠からずやってきます。ぜひあなたも、通信講座ビジネスに挑戦してみてください。

通信講座をつくるのが初めてというあなたに、アドバイスです。まずは、ワンコイン動画講座からつくってみてはいかがでしょうか。ワンコイン動画講座とは、すなわち、５００円で購入できる動画講座のことです。気軽に受講できる入門者向けコンテンツで、概ね30分から1時間ほどで受講できるような内容がよいでしょう。

いきなり大掛かりな通信講座をつくるのは、結構大変だからです。その点、ワンコイン動画講座なら、早ければ1日で、企画から動画制作、編集、配信まで完結します。

その後、告知文章をつくって販売するまでに、頑張れば2日もあればできるでしょう。

このくらいの頑張りでスタートできるところから始めてみて、売れる感触も得ながら、徐々に本格化していければ、スキルもノウハウも、そしてモチベーションも少しずつ蓄積されてきて、無理なくビジネスを推進することができるのではと思います。

末筆となりましたが、読者の皆様の益々のご活躍をお祈りし、本書のあとがきに代えさせていただきます。ありがとうございました。

井上　幸一郎

著者略歴

井上　幸一郎（いのうえ　こういちろう）

株式会社オンユアマーク代表取締役。

1978年生まれ。静岡出身。立教大学 経済学部を卒業後、通信講座会社にて、マーケティングを担当。通信講座ビジネスの仕組みを学ぶ。その後、企業研修の会社にて、教材制作や講座設計の現場を経験。

2010年、独立。

「理想のライフスタイルを実現する」をスローガンに、ＳＮＳを活用したマーケティングの提案やスクールビジネスの支援、フリーランスや在宅ワーカーの支援を行っている。

個人サイト：inoue516.com
コーポレートサイト：onyourmark.co.jp

講師業・フリーランスで食べていくなら
まず「通信講座をつくりなさい！」

2019年1月18日 初版発行

著　者　井上　幸一郎　© Kouichiro Inoue
発行人　森　　忠順
発行所　株式会社 セルバ出版
〒113-0034
東京都文京区湯島1丁目12番6号 高関ビル5B
☎03（5812）1178　FAX 03（5812）1188
http://www.seluba.co.jp/
発　売　株式会社 創英社／三省堂書店
〒101-0051
東京都千代田区神田神保町1丁目1番地
☎03（3291）2295　FAX 03（3292）7687

印刷・製本　モリモト印刷株式会社

Printed in JAPAN
ISBN 978-4-86367-470-7